国企混改面对面

——发展混合所有制经济政策解读

国家发展改革委体改司 ｜ 编

人民出版社

坚持社会主义市场经济改革方向
推进国有企业发展混合所有制经济

国家发展改革委

（代　序）

发展混合所有制经济，是党的十八届三中全会确定的重大任务，是深化国有企业改革的重要举措。习近平总书记强调，发展混合所有制经济至关重要，要坚持社会主义市场经济改革方向。李克强总理指出，要有序实施国有企业混合所有制改革，鼓励和规范投资项目引入非国有资本参股。当前，贯彻落实"四个全面"战略布局总体要求，着眼于夯实社会主义市场经济的微观基础，提高国有经济乃至整个国民经济的质量和效益，需要稳妥推动国有企业发展混合所有制经济，进一步做活做优国有经济，实现国有企业与市场经济的更好融合，实现各种所有制资本的共同发展，更加积极主动地适应和引领经济发展新常态，推动经济社会全面协调可持续发展。

一、发展混合所有制经济是完善基本经济制度的必然要求

党的十八届三中全会通过的《中共中央关于全面深化改革若干重大问题的决定》明确提出，国有资本、集体资本、非公

有资本交叉持股、相互融合的混合所有制经济，是基本经济制度的重要实现形式，允许更多国有经济和其他所有制经济发展成为混合所有制经济。国有企业发展混合所有制经济，对于加快培育和重构更具活力和效益的微观市场主体，进一步巩固和完善社会主义基本经济制度，充分调动一切积极因素推动社会财富创造，促进经济结构转型升级，具有非常重要的理论和实践意义。

发展混合所有制经济，有利于进一步巩固和完善社会主义基本经济制度。改革开放以来，特别是党的十五届四中全会以来，国有企业改革在持续推进中不断深化，一批国有企业通过改制改组发展成为混合所有制企业。迄今，全国国有企业公司制股份制改制面达 78%，中央企业及其所属子企业改制面从 2003 年的 30% 提高到 2014 年的 85% 以上。截至 2014 年年末，国有控股上市公司达 1075 家，其中中央企业控股的上市公司达 376 家。混合所有制经济对全国税收的贡献率，已由 90 年代末期的 10% 左右提高到近年来的 50% 左右。坚持和完善基本经济制度，就是要充分发挥各种所有制的优势，激发各种所有制的活力和创造力，推动社会生产力的发展。改革实践证明，发展混合所有制经济，有利于实现国有经济与市场经济的有机结合，促使微观市场主体不断成熟完善，基本经济制度运行有效和更加成熟定型。

发展混合所有制经济，有利于国有资本放大功能、保值增值、提高竞争力。混合所有制经济从本质上说就是不同所有制资本之间相互参股的股份制经济，是一种富有活力和效率的资本组织形式。以效益最大化和效率最优化为导向，在新的历史条件下推动国有企业发展混合所有制经济，依托混合所有制的多元产权架构及其运行机制，可以增强国有资本或公有资本对其他资本的辐射功能，直接放大国有资本功能，激发国有企业的内生动力，在市场竞争和优化重组中不断增强国有经济的活力、控制力、影响力和抗风险能力。

发展混合所有制经济，有利于各种所有制资本取长补短、相互促进、共同发展。国有企业发展混合所有制经济，实现各种所有制资本交叉持股和相互融合，能够发挥国有资本的规模优势、技术优势和管理优势，发挥非国有资本的活力和创造力，促进国有企业完善法人治理结构、提高国有资本投资和运营效率，促进非国有资本平等使用生产要素、公平分享经营收益，促进各种所有制经济实现共同繁荣，推动我国经济保持中高速增长、迈向中高端水平，在日益激烈的国际竞争和挑战中牢牢把握发展的主动权。

二、发展混合所有制经济要坚持正确的改革路径和改革方式

国有企业发展混合所有制经济，要坚持从实际出发，坚持分类施策，坚持多途径多方式并举，实现国有资本和非国有资本交叉持股、双向进入。坚持试点先行，在取得经验的基础上稳妥有序推进混合所有制企业员工持股。

发展混合所有制经济，要坚持从实际出发，区分不同情况分类施策。要区分"已混合""宜混合"等不同情况，对通过实行股份制、上市等途径已经实行混合所有制的国有企业，要进一步健全法人治理结构、提高国有资本配置效率。对于适宜继续推进混合所有制改革的国有企业，要充分发挥市场机制作用，坚持因地施策、因业施策、因企施策，坚持宜独则独、宜控则控、宜参则参，坚持不搞拉郎配、不搞全覆盖，不设时间

表，成熟一个推进一个。

要区分商业类、公益类不同类型。主业处于充分竞争行业和领域的商业类国有企业，原则上都要实行公司制股份制改革，积极引入其他国有资本或各类非国有资本，国有资本可以绝对控股、相对控股，也可以参股。主业处于关系国家安全、国民经济命脉的重要行业和关键领域、主要承担重大专项任务的商业类国有企业，要保持国有资本控股地位，支持非国有资本参股。公益类国有企业，可以采取国有独资形式，具备条件的可以推行投资主体多元化，可以通过购买服务、特许经营、委托代理等方式，鼓励非国有企业参与经营。

要区分集团公司、子公司不同层级。集团公司层面，在国家有明确规定的特定领域，坚持国有控股；在其他领域，鼓励通过整体上市、并购重组、发行可转债等方式，积极引入各类投资者，逐步调整国有股权比例。子公司层面，以研发创新、生产服务等实体企业为重点，引入非国有资本，加快技术创新、管理创新、商业模式创新，合理限定法人层级，有效压缩管理层级。

发展混合所有制经济，要支持引入非国有资本参与国有企业改革。鼓励非国有资本通过证券市场、产权市场等平台，以出资入股、股权收购、认购可转债、股权置换等多种方式，参与国有企业混合所有制改革重组、改制上市或国有控股上市公司的增资扩股。非国有资本投资主体可以以货币方式出资，也可以以实物、股权、土地使用权等法律法规允许的方式出资。建立健全非国有资本退出的机制和渠道，制定并完善各类产权转让管理办法，在资产评估、产权置换、土地使用、职工安置及社会保障等方面作出明确规定，保障各类资本可以自由进入，无障碍退出。在石油、天然气、电力、铁路、电信、资源开发、公用事业等进入门槛较高的领域，向非国有资本推出符合产业政策、有利于转型升级的项目。支持非国有资本通过政府和社会资本合作（PPP）方式进入基础设施、公用事业、公共服务等领域项目的建设运营，使投资者在平等竞争中获取合理收益。

发展混合所有制经济，要积极鼓励国有资本以多种方式入股非国有企业。发展混合所有制经济，既要引入非国有资本参与国有企业改革，也要鼓励国有资本以多种方式入股非国有企业。国有资本投资公司、运营公司等相关主体，可以利用公开市场平台，在公共服务、高新技术、生态环保和战略性产业等重点领域，按照市场规律选择发展潜力大、成长性强的非国有企业进行股权投资。需要强调的是，国有资本入股非国有企业，必须立足于企业自愿这个基本前提，国有资本入不入股、入多少股，都要与非国有企业平等协商后确定。国有资本可通过投资入股、联合投资、重组等多种方式，与非国有企业进行股权融合、战略合作、资源整合，发展国有经济和非国有经济的联营、协作和一体化运营，扩大国有资本延伸范围，增强和放大国有资本功能。支持国有资本与非国有资本共同设立股权投资基金，参与企业改制重组。

发展混合所有制经济，要探索实行混合所有制企业员工持股。对于社会各方面十分关注的混合所有制企业员工持股，要坚持试点先行，在取得经验的基础上稳妥有序推进。优先支持人才资本和技术要素贡献占比较高的转制科研院所、高新技术企业和科技服务型企业开展员工持股试点，支持对企业经营业绩和持续发展有直接或较大影响的科研人员、经营管理人员和业务骨干等持股，在股票价格、持有比例、持有期限、退出机制等方面科学设计，实现个人利益与企业利益、国家利益的"激励相容"，确保员工在追求自身利益的过程中，也能实现企业价值的最大化。员工持股要注重分享增量利益，主要采取增资扩股、出资新设等方式。要坚持长期导向的激励原则，规范操作流程，建立健全流转和退出机制，确保员工持股公开透明，保护入股员工根本利益，确保不发生利益输送，防止国有资产流失。

三、发展混合所有制经济要把握好重要原则注重改革实效

国有企业发展混合所有制经济是一项涉及生产关系层面的深度变革，势必带来既有利益格局的调整和利益分配机制的重构。工作中，要认真践行"三严三实"，以严格扎实的工作作风，力求做到"四个坚持"。

坚持社会主义市场经济的改革方向。核心是处理好政府和市场的关系，使市场在资源配置中起决定性作用和更好发挥政府作用。企业是市场经济的细胞，公平竞争的市场环境是企业发展的根本保证。提升国有企业的活力和竞争力，进而增强国有经济的活力、控制力、影响力和抗风险能力，必须通过市场竞争优胜劣汰来实现。要尊重市场经济规律和企业发展规律，以企业为主体，充分发挥市场机制作用，把引资本与转机制结合起来，把产权多元化与完善企业法人治理结构结合起来，探索国有企业发展混合所有制经济的有效途径。

坚持依法保护各类出资人的产权。产权保护是社会主义市场经济健康发展的制度基础。明晰产权、保护产权，是国有企业发展混合所有制经济的重要前提。要健全以公平平等为核心原则的产权保护制度，加强对各种所有制经济组织和自然人财

产权的保护。创新体现公有制多种实现形式的产权保护制度，进一步完善国家、集体、私人产权保护的法律法规。加强对非公有制经济产权的保护，完善法律制度，清理修改不利于非公有制经济产权保护的法律法规及政策，确保个人和非公有制企业法人财产权不受侵犯。

坚持公开、规范、透明，按程序操作。进一步健全国有资产交易规则，完善资产交易程序、机制和流程，切实做到规则公开、过程公开、结果公开。严把改革方案报批、资产评估、公开交易、资金入库等关键环节，强化交易主体和交易过程监管，防止暗箱操作、低价贱卖、利益输送、化公为私、逃废债务等行为。要把住建立科学的资产定价机制这个关键环节，公开公平公允地发现和确定资产价格，防止贱卖国有资产，确保国有资产不流失。

坚持有序推进注重实效。推进国有企业混合所有制改革，要坚持政府引导和市场运作相结合，政府"有形的手"有效配合市场"无形的手"发挥作用。政府要细化配套政策，规范操作程序，加强监督管理，稳妥审慎地推进改革。

国有企业发展混合所有制经济是一个系统工程，要按照党中央、国务院的总体部署，加强各方面的协调配合，细化工作任务，落实工作责任，确保各项改革任务有序推进、取得实效。

（刊于《人民日报》2015年9月18日）

目　录

一、绪 论

国有企业是我国经济发展的重要力量，也是党和国家事业发展的重要物质基础。改革开放以来，在党中央、国务院的正确领导下，国有企业改革不断向纵深推进，国有企业逐步实现了与市场经济的有效结合，国有经济不断发展壮大，活力、控制力、影响力和抗风险能力明显提升。在我国经济发展进入新常态的大背景下，推动国有企业发展混合所有制经济，对于进一步做活做优国有经济，实现国有企业与市场经济的更好融合，实现各种所有制资本的共同发展，提高国有经济乃至整个国民经济的质量和效益，推动经济社会全面协调可持续发展，有着十分重要的意义。

（一）回顾：国有企业改革

改革开放以前，国有企业实行高度集中的计划经济管理模式，不但资本归国家所有，同时还由国家直接经营。高度集中的计划经济体制和国营企业管理模式，对于促进国民经济的恢复和建立比较齐全的工业体系发挥了重要作用，但也带来了政企不分、企业效率低下、缺乏活力等突出问题。突破高度集中的计划体制，改革国营企业的管理模式，解放社会生产力，成为不可避免的历史课题。

改革开放三十多年来，伴随我国社会主义市场经济体制的建立和完善，国有企业改革始终围绕着一条主线推进，就是适应社会化大生产和市场经济的要求，寻找一条使国有企业机制更符合市场经济要求的有效途径。

1978 年 12 月，具有历史意义的党的十一届三中全会召开。全会公报强调，我国经济管理体制的一个严重缺点是权力过于集中，应该有领导地大胆下放，让地方和工农业企业在国家统一计划的指导下有更多的经营管理自主权。并指出，要认真解决党政企不分、以党代政、以政代企的问题。按照党的十一届三中全会精神，国营企业普遍实行了扩大经营自主权的改革，调动了企业生产经营的积极性。

1984 年 10 月召开的党的十二届三中全会，标志着我国改革和发展的重点开始从农村转向城市。全会通过的《中共中央关于经济体制改革的决定》是我国经济体制改革进程中具有里程碑意义的文件，肯定了社会主义商品经济的地位。该决定明确指出："增强企业的活力，特别是增强全民所有制大中型企业的活力，是以城市为重点的整个经济体制改革的中心环节。"按照党的十二届三中全会精神，国有企业改革的中心思路是逐步推进政企分开，使企业成为独立经营、自负盈亏的商品生产者和经营者。国有企业承包经营责任制从局部试点到全面推开，在所有权与经营权的分离方面进行了有益探索。

党的十四大确立了建立社会主义市场经济体制的改革目标，并提出，转换国有企业特别是大中型国有企业的经营机制，是建立社会主义市场经济体制的中心环节。1993 年 11 月，党的十四届三中全会通过的《中共中央关于建立社会主义市场经济体制若干问题的决定》，第一次明确我国国有企业改革的方向是建立产权清晰、权责明确、政企分开、管理科学的现代企业制度。建立现代企业制度改革目标的提出，标志着国有企业改革进入制度创新的新阶段。

党的十四届三中全会后，在推进制度创新、建立现代企业制度和调整国有经济布局和结构的同时，着力解决国有企业走向市场以后暴露出来的社会负担重、历史包袱多、企业冗员严重等问题。特别是1998年开始实施的国有企业改革脱困"三年攻坚"，为新世纪国有企业改革发展打下了坚实基础。

党的十六大明确提出，根据解放和发展生产力的要求，坚持和完善公有制为主体、多种所有制经济共同发展的基本经济制度，必须毫不动摇地巩固和发展公有制经济，毫不动摇地鼓励、支持和引导非公有制经济发展。党的十七大、十八大和十八届三中全会，均重申了基本经济制度的内涵和"两个毫不动摇"的要求。

党的十六大以来，通过组建中央和地方国有资产监管机构，从落实责任、规范董事会建设、创新选人用人机制、调整优化结构和加强监管等方面入手，深化国有资产管理体制改革，进一步激发了国有企业的活力。经过多年的改革和发展，国有企业管理体制和经营机制发生了深刻变化，总体上已经同市场经济相融合。

同时也要看到，国有企业还存在不少深层次矛盾和问题。主要是，一些国有企业市场主体地位还没有真正确立，现代企业制度尚不健全；国有资产监管体制需要完善，国有资本运行效率有待提高；企业办社会职能和历史遗留问题还未完全解决；一些企业国有资产流失严重。着眼于解决这些问题，党的十八届三中全会通过的《中共中央关于全面深化改革若干重大问题的决定》（以下简称《决定》）明确提出，要完善产权保护制度，积极发展混合所有制经济，推动国有企业完善现代企业制度。《决定》强调，要完善国有资产管理体制，以管资本为主加强国有资产监管，改革国有资本授权经营体制，组建若干国有资本运营公司，支持有条件的国有企业改组为国有资本投资公司。以规范经营决策、资产保值增值、公平参与竞争、提高企业效率、增强企业活力、承担社会责任为重点，进一步深化国有企业改革。

按照《决定》精神，中共中央、国务院刚刚印发的《关于深化国有企业改革的指导意见》（以下简称《指导意见》）明确指出，要坚持和完善基本经济制度，坚持社会主义市场经济改革方向，适应市场化、现代化、国际化新形势，以解放和发展社会生产力为标准，以提高国有资本效率、增强国有企业活力为中心，完善产权清晰、权责明确、政企分开、管理科学的现代企业制度，完善国有资产监管体制，防止国有资产流失，全面推进依法治企，加强和改进党对国有企业的领导，做强做优做大国有企业，不断增强国有经济活力、控制力、影响力、抗风险能力，主动适应和引领经济发展新常态，为促进经济社会持续健康发展、实现中华民族伟大复兴的中国梦作出积极贡献。

（二）探索：发展混合所有制经济

改革开放以来，伴随着国有企业改革的深化和非公有制经济的发展，我国所有制结构逐步调整，公有制经济和非公有制经济在发展经济、促进就业等方面的作用不断变化，增强了经济社会发展活力。在这种情况下，如何更好体现和坚持公有制的主体地位，进一步探索基本经济制度的有效实现形式，是摆在我们面前的一个重大课题。

在改革开放进程中，我们党对有关所有制的论断和基本经济制度的认识不断深化，对混合所有制经济所体现的资本融合、机制活力和市场竞争力的认识也越来越清晰。

党的十四大确立了建立社会主义市场经济体制的改革目标。党的十四届三中全会阐述了市场经济条件下以股份制为特征的混合所有制经济发展的必然趋势，指出随着产权流动和重组，财产混合所有的经济单位越来越多，将会形成新的财产所有结构。

党的十五大确立了社会主义初级阶段的基本经济制度，第一次提出混合所有制经济的概念，阐述了公有制和混合所有制的关系。党的十五届四中全会进一步提出，国有大中型企业尤其是优势企业，宜于实行股份制的，要通过规范上市、中外合资和企业互相参股等形式，改为股份制企业，发展混合所有制经济，重要的企业由国家控股。

党的十六大明确提出，除极少数必须由国家独资经营的企业外，积极推行股份制，发展混合所有制经济。党的十六届三中全会提出，要适应经济市场化不断发展的趋势，进一步增强公有制经济的活力，大力发展国有资本、集体资本和非公有资本等参股的混合所有制经济，实现投资主体多元化，使股份制成为公有制的主要实现形式。党的十七大提出，以现代产权制度为基础，发展混合所有制经济。

在不断深化的改革实践中，一批国有企业通过实行股份制、上市等途径发展成为混合所有制企业。迄今，全国国有企业公司制股份制改制面达78%，中央企业及其所属子企业改制面从2003年的30%提高到2014年的85%以上。截至2014年年末，国有控股上市公司达 1075 家，其中中央企业控股的上市公司达 376 家。混合所有制经济对全国税收的贡献率，已由 20 世纪 90 年代末期的 10% 左右提高到近年来的 50% 左右。

在过去多年改革实践的基础上，党的十八届三中全会《决定》明确提出，"国有资本、集体资本、非公有资本等交叉持股、相互融合的混合所有制经济，是基本经济制度的重要实现形式"，"允许更多国有经济和其他所有制经济发展成为混合所有制经济"。作为新一轮国有企业改革重要的配套文件，国务院《关于国有企业发展混合所有制经济的意见》（以下简称《意见》）对混合所有制改革作出了明确部署。

（三）总体思路：国有企业发展混合所有制经济

按照《意见》的部署，在新形势下推动国有企业发展混合所有制经济，要着眼于不同所有制经济的优势互补，实现国有企业的机制再造，从而更好地融合、融入市场经济。

国有企业发展混合所有制经济的目标，就是促进国有企业转换经营机制，推动完善现代企业制度，健全企业法人治理结构；提高国有资本配置和运行效率，优化国有经济布局，增强国有经济活力、控制力、影响力和抗风险能力，主动适应和引领经济发展新常态；实现各种所有制资本取长补短、相互促进、共同发展，夯实社会主义基本经济制度的微观基础。

国有企业发展混合所有制经济的基本原则，一是坚持政府引导、市场运作。以企业为主体，充分发挥市场机制作用，探索混合所有制经济发展的有效途径。二是坚持完善制度、保护产权。切实保护混合所有制企业各类出资人的产权权益，调动各类资本参与发展混合所有制经济的积极性。三是坚持严格程序、规范操作。切实做到规则公开、过程公开、结果公开，杜绝国有资产流失。四是坚持宜改则改、稳妥推进。坚持因地施策、因业施策、因企施策，宜独则独、宜控则控、宜参则参，不搞拉郎配，不搞全覆盖，不设时间表，一企一策，成熟一个推进一个，确保改革规范有序进行。

国有企业发展混合所有制经济的核心思路，可以简要概括为四句话："分类分层改革，各类资本参与，健全治理机制，依法合规操作。"

（1）"分类分层改革"，就是根据国有企业的不同情况，区分"已经混合"和"适宜混合"的国有企业，区分商业类和公益类国有企业，区分集团公司和子公司、中央企业和地方企业等不同层级，因企制宜地发展混合所有制经济。

一是区分"已经混合"和"适宜混合"的国有企业。对通过实行股份制、上市等途径已经实行混合所有制的国有企业，要着力在完善现代企业制度、提高资本运行效率上下功夫；对适宜继续推进混合所有制改革的国有企业，要充分发挥市场机制作用，坚持因地施策、因业施策、因企施策，适宜独资的就独资，适宜控股的就控股，适宜参股的就参股，方式和进度要服从于效果，服务于发展。

二是区分商业类和公益类国有企业。主业处于充分竞争行业和领域的商业类国有企业，要按照市场化、国际化要求，以增强国有经济活力、放大国有资本功能、实现国有资产保值增值为主要目标，以提高经济效益和创新商业模式为导向，充分运用整体上市等方式，积极引入其他国有资本或各类非国有资本实现股权多元化。国有资本可以绝对控股、相对控股，也可以参股。坚持以资本为纽带完善混合所有制企业治理结构和管理方式，国有资本出资人和各类非国有资本出资人以股东身份履行权利和职责，使混合所有制企业成为真正的市场主体。

主业处于关系国家安全、国民经济命脉的重要行业和关键领域、主要承担重大专项任务的商业类国有企业，要保持国有资本控股地位，支持非国有资本参股。对自然垄断行业，实行以政企分开、政资分开、特许经营、政府监管为主要内容的改革，根据不同行业特点实行网运分开、放开竞争性业务，促进公共资源配置市场化，同时加强分类依法监管，规范盈利模式。其中，对于重要基础设施、重要自然资源、重要传输网络、重要技术、数据和战略物资、国防军工产业，以及其他重要产业，国有资本如何保持控股地位，非国有资本如何参与，《意见》都作了明确规定。

公益类国有企业，在水电气热、公共交通、公共设施等提供公共产品和服务的行业和领域，根据不同业务特点，加强分类指导，推进具备条件的企业实现投资主体多元化。通过购买服务、特许经营、委托代理等方式，鼓励非国有企业参与经营。政府加强对价格水平、成本控制、服务质量、安全标准、信息披露、营运效率、保障能力等方面的监管。

三是区分集团公司和子公司、中央企业和地方企业等不同层级。集团公司层面，在国家有明确规定的特定领域，坚持国有资本控股，形成合理的治理结构和市场化经营机制；在其他领域，鼓励通过整体上市、并购重组、发行可转债等方式，逐步调整国有股权比例，积极引入各类投资者。子公司层面，国有企业集团公司二级及以下企业，以研发创新、生产服务等实体企业为重点，引入非国有资本，加快技术创新、管理创新、商业模式创新。地方国有企业，区分不同情况，稳妥开展混合所有制改革，确保改革依法合规、有序推进。

（2）"各类资本参与"，就是按照交叉持股、相互融合的原则，鼓励各类资本包括国有资本、非公有资本、集体资本、外资，以及企业员工出资入股等，参与发展混合所有制经济。

一是鼓励非公有资本参与国有企业混合所有制改革。非公有资本投资主体可通过出资入股、收购股权、认购可转债、股权置换等多种方式，参与国有企业改制重组或国有控股上市公司增资扩股以及企业经营管理。非公有资本投资主体可以货币出资，或以实物、股权、土地使用权等法律法规允许的方式出资。

二是支持集体资本参与国有企业混合所有制改革。允许经确权认定的集体资本、资产和其他生产要素作价入股，参与国有企业混合所有制改革。

三是有序吸收外资参与国有企业混合所有制改革。引入外资参与国有企业改制重组、合资合作，鼓励通过海外并购、投融资合作、离岸金融等方式，充分利用国际市场、技术、人才等资源和要素，发展混合所有制经济。

四是推广政府和社会资本合作模式。优化政府投资方式，通过投资补助、基金注资、担保补贴、贷款贴息等，优先支持引入社会资本的项目。组合引入保险资金、社保基金等长期投资者参与国家重点工程投资。鼓励社会资本投资或参股基础设施、公用事业、公共服务等领域项目，使投资者在平等竞争中获取合理收益。

五是鼓励国有资本以多种方式入股非国有企业。在公共服务、高新技术、生态环境保护和战略性产业等重点领域，以市场选择为前提，以资本为纽带，充分发挥国有资本投资、运营公司的资本运作平台作用，对发展潜力大、成长性强的非国有企业进行股权投资。鼓励国有企业通过投资入股、联合投资、并购重组等多种方式，与非国有企业进行股权融合、战略合作、资源整合，发展混合所有制经济。

六是探索完善优先股和国家特殊管理股方式。国有资本参股非国有企业或国有企业引入非国有资本时，允许将部分国有资本转化为优先股。在少数特定领域探索建立国家特殊管理股制度。

七是探索实行混合所有制企业员工持股。坚持激励与约束相结合的原则，通过试点稳妥推进员工持股。员工持股主要采取增资扩股、出资新设等方式，优先支持人才资本和技术要素贡献占比较高的转制科研院所、高新技术企业和科技服务型企业开展试点，支持对企业经营业绩和持续发展有直接或较大影响的科研人员、经营管理人员和业务骨干等持股。

（3）"健全治理机制"，就是要进一步确立和落实企业市场主体地位，建立健全混合所有制企业治理机制，推行混合所有制企业职业经理人制度。

一是让混合所有制企业成为真正的市场主体。政府不得干预企业自主经营，股东不得干预企业日常运营，确保企业治理规范、激励约束机制到位。落实董事会对经理层成员等高级经营管理人员选聘、业绩考核和薪酬管理等职权，维护企业真正的市场主体地位。

二是让混合所有制企业法人治理结构更加健全。混合所有制企业要建立健全现代企业制度，明晰产权，同股同权，依法保护各类股东权益。规范企业股东（大）会、董事会、经理层、监事会和党组织的权责关系，按章程行权，对资本监管，靠市场选人，依规则运行，形成定位清晰、权责对等、运转协调、制衡有效的法人治理结构。

三是推行混合所有制企业职业经理人制度。按照现代企业制度要求，建立市场导向的选人用人和激励约束机制，通过市场化方式选聘职业经理人依法负责企业经营管理，畅通现有经营管理者与职业经理人的身份转换通道。

（4）"依法合规操作"，就是要建立依法合规的操作规则，严格规范操作流程和审批程序，健全国有资产定价机制，切实加强监管。

一是严格规范操作流程和审批程序。健全清产核资、评估定价、转让交易、登记确权等国有产权流转程序。国有企业混合所有制改革严格按照流程审批，充分保障企业职工切身利益。

二是健全国有资产定价机制。完善国有资产交易方式，通过产权、股权、证券市场发现和合理确定资产价格，发挥专业化中介机构作用，借助多种市场化定价手段，完善资产定价机制。

三是切实加强监管。完善国有产权交易规则和监管制度，依法严肃处理违法违规行为。加强审计监督、企业职工内部监督和社会监督。

推进国有企业发展混合所有制经济，还要做好相关配套和实施工作，包括加强产权保护，健全多层次资本市场，完善支持混合所有制经济发展的政策，加快建立健全法律法规制度，建立工作协调机制，加强混合所有制企业党建工作，开展不同领域混合所有制改革试点示范，营造良好的舆论氛围等。

国有企业发展混合所有制经济，意义重大。我们要按照党中央、国务院的总体部署，在国务院国有企业改革领导小组的领导下，认真贯彻落实《意见》的各项部署，确保改革平稳有序推进、取得实效，真正使混合所有制经济成为基本经济制度的重要实现形式。

二、分类推进国有企业混合所有制改革

《指导意见》首次提出将国有企业分为商业类和公益类，为我国国有企业实行分类改革、分类发展、分类监管、分类定责和分类考核提供了依据，意义重大。国有企业发展混合所有制经济，要遵循《指导意见》关于国有企业的分类，并在此基础上推进混合所有制改革。

（一）国有企业分类

1. 为什么要进行分类

发展混合所有制经济，必须界定不同国有企业的功能。国有企业功能界定的目的可以从以下几方面把握：一是根据不同企业的功能定位和企业特点，有针对性地推进改革，规范公司治理；二是明确不同功能定位企业的发展方向和目标，形成差异化发展路径；三是根据不同功能定位推动结构调整，优化国资国企的结构与布局；四是有针对性地加强国有资产监管，提高监管的针对性、有效性，提升监管部门的监管效率。准确界定不同国有企业功能，也是党的十八届三中全会通过的《决定》提出的一项重大改革任务。对国有企业进行功能界定和分类，有助于更好地深化国有企业改革，优化国有经济布局结构，以管资本为主加强国有资产监管。只有明确了国企功能定位，国有企业才能更好地因企制宜、选择恰当的股权结构安排，推行差异化的分类考核办法，执行不同的企业领导人员选任制度、高管薪酬制度和国有资本收益上缴制度，逐步建立和完善分类治理体制，采用多种途径和形式来深化改革，发展混合所有制经济。

2. 分类的依据

对国有企业进行功能界定和分类对深化我国国有企业改革意义重大。《指导意见》提出，要根据国有资本的战略定位和发展目标，结合不同国有企业在经济社会发展中的作用、现状和发展需要，将国有企业分为商业类和公益类。可见，中央对国有企业的分类，主要是基于两点考虑：一是从国有资本不同属性、战略定位和发展目标的角度。商业类国企和公益类国企这两种不同属性的国有资本，其投资方向、战略定位和发展目标应该有所不同。商业类国有企业主要追求盈利性经营目标和战略性、功能性等经济目标；公益类国有企业主要追求社会性服务性目标。二是从不同国有企业在经济社会发展中的作用、现状和发展需要的角度。商业类国有企业和公益类国有企业在现实生产生活和未来发展中都有明确的需求。商业类国有企业主要是在充分竞争领域，关系国家安全、国民经济命脉的重要行业和关键领域，或处于自然垄断行业、经营专营业务、承担重大专项任务的企业；公益类国有企业基本集中于民生行业，主要提供公共产品和服务。

【他山之石】

国企分类改革和监管的国际经验

根据国有企业的设立目的和市场定位的不同，国外一些国家对国企进行了分类，主要有三种方法。

一是按企业市场地位或竞争程度分类，以法国和新加坡为代表。法国政府根据企业的法律地位、竞争性以及产品价格管制与否，将企业分为垄断性国有企业和竞争性国有企业两类，法国的电力、铁路、航空、邮政和电信等都属于垄断性国有企业，加工业、建筑业和服务业中的国有企业被划分为竞争性国有企业。新加坡将国有企业分为垄断性法定机构和竞争性政府联系公司，经济发展局、电信局、港口、公用事业局等都属于垄断性法定机构，而淡马锡、新科技等四大控股公司及其投资控股的子公司等属于竞争性政府联系公司。

二是按利益属性和赋予目标分类，以芬兰、瑞典、新西兰和挪威为代表。芬兰将国有企业划分为承担特定任务的国有企业、有战略利益的商业性国有企业和以投资者利益为主的纯粹商业性国有企业三类，芬兰电网、芬兰产业投资公司属于第一类，芬兰铁路、芬兰航空属于第二类，养老金信息服务公司则属于第三类。挪威将国有企业分为执行特殊产业政策国企、兼有商业化和其他特定目标的国企、商业化但总部须在挪威的国企和完全商业化国企四大类，机场公司、能源管理公司、国家电网、林业集团等被划分为第一类企业，挪威邮政、国家铁路、国家电力、铁路服务公司被划分为第二类企业，国家石油、海德鲁、挪威电信被划分为第三类企业，北欧航空、国立摇滚乐博物馆等属于第四类企业。

三是按法律地位及持股比重分类，以英、美、韩为代表。英国将国有企业划分为政府直接管理的国有企业、具有独立法人地位的国有企业、公私合营的国有股份公司三类，企业的地位和政府持股比例均有不同，地理信息公司属于第一类，皇家邮政属于第二类，浓缩和核电技术服务公司属于第三类。

（资料来源：张政军《国有企业分类管理如何推进》，《经济日报》2013年5月3日。）

+·+

3. 国有企业类别

根据前述的分类依据，《意见》与《指导意见》保持一致，将国有企业分为商业类和公益类两大类。其中，商业类企业可以进一步划分为两类不同情况。

一类是主业处于充分竞争行业和领域的企业，也就是人们常说的竞争性国有企业，现有大部分国企应属这类。这类企业追求盈利性经营目标，经济效益优先，遵循优胜劣汰原则。其股权结构是多元化的，由市场竞争规律决定。具体监管完全按照《中华人民共和国公司法》（以下简称《公司法》）规定。这类企业要以市场为导向，引入社会资本，积极发展混合所有制经济，促进企业体制机制创新，打造充满生机活力的市场竞争主体。重要骨干企业可以保持实体（集团）公司形式，具备条件的可以改组为国有资本投资公司，其他企业可以通过混合所有制改革或整体上市后由国有资本运营公司持股。

另一类是主业处于关系国家安全、国民经济命脉的重要行业和关键领域，或处于自然垄断行业、经营专营业务、承担重大专项任务的企业。如输电、管道燃气、自来水、铁路运输、水利基础设施建设等。这类企业具有混合特征，其承担一种特定的国家功能，而该功能的实现又要求以企业自身发展和经营活动为基础，其股权结构是国有控股的股权多元化，需要有具体行业方面的法律来监管。这类企业可以保持实体（集团）公司形式，也可以改组为国有资本投资公司，根据业务特点推出所出资企业混合所有制改革。对自然垄断行业实行以政企分开、政资分开、特许经营、政府监管为主要内容的改革，根据不同行业特点实行网运分开、放开竞争性业务，促进公共资源配置市场化。对特殊业务和竞争性业务实行业务板块有效分离，独立运作、独立核算。

公益类企业是以社会效益为导向，以保障民生、提供公共产品和服务为主要目标的企业。此类保障性和公益性较强的企业，国家应该保持绝对的控制力，国有资本绝对控股。这类企业要按照市场规则提高公共服务效率和能力，必要的产品或服务价格可以由政府制定，在企业确保财务收支公开透明、运行有效的前提下，发生政策性亏损时政府给予补贴。这类企业主要采取实体（集团）公司形式，可根据业务特点推出所出资企业的混合所有制改革。通过购买服务、特许经营、委托代理等方式，鼓励符合相关资质条件的非国有企业参与经营。支持已引入非国有资本的企业规范经营，健康发展。

商业类和公益类企业基本属性都是企业，是独立的市场主体，经营机制都必须适应市场经济的要求。两类企业作为中国特色社会主义市场经济条件下的国有企业，都必须服务于国家战略，履行社会责任。

《指导意见》同时提出，对地方国企的分类标准不作统一要求，要按照谁出资谁分类的原则，由履行出资人职责的机构负责制定所出资企业的功能界定和分类方案，报同级政府批准即可。各地区还可以结合实际，划分并动态调整本地区的国有企业功能类别。

（二）商业类国有企业 I

对于商业类国有企业中主业处于充分竞争行业和领域的国有企业来说，《意见》明确了这类企业推进混合所有制改革的目标方向以及具体操作方法。

1. 目标：增强活力、放大功能、保值增值

多年来，国有企业改革取得了较大成效。但同时我们也必须看到，国有企业体制机制还不够活，实力还不够强，证券化率比较低，创新能力不足，扩张拓展能力较弱，国有资本的带动力还没有充分释放。

《意见》中明确提出，对于主业处于充分竞争行业和领域的国有企业推进混合所有制改革，主要目的就是增强国有经济活力，放大国有资本功能，实现国有资本保值增值。这为国有企业改革确立了价值判断标准，具有鲜明的改革指向性和现实针对性。

增强国有经济活力，就是要在充分竞争领域，通过交叉持股、共同投资、整体上市等方式，将更多的国有企业发展成为混合所有制企业，国有资产将进一步资本化，可以灵活地兼并、收购、出卖等，从而具有良好的流动性。发展混合所有制经济有利于国有企业完善公司法人治理结构，使其运行更加有效，内部管理运营时能更好地与市场接轨，提高企业效率，增强企

业活力。放大国有资本功能，就是要通过全面深化国企改革，在保证国有资本控制力的前提下，尽可能投入较少的资本以控制更大的资本，发挥资本的杠杆作用，提升国家对经济的掌控力。放大国有资本功能的重要方式是通过混合所有制改革，在竞争性国企中引入民间资本，用少量的国有资本与尽可能多的民营企业合作，而国有企业又处于相对控股的地位。实现国有资本保值增值，就是要增强国企市场主体的地位，建立健全国有资本有进有退、合理流动机制，不断优化国有经济布局和结构，建立起国有资产监管、保值增值考核和责任追究的长效机制，防止国有资产流失。要坚持把功夫下在创新商业模式、完善企业治理结构和管理制度上，既强化规范约束、防范资产流失，又增强经营活力；同时，以更加积极的姿态参与市场竞争，在竞争中发展壮大，实现资产运营优质高效和保值增值。这是国有企业做大做强做优的重要标志，也是国有经济发展壮大的基础，更是国有企业的责任和义务。

2. 导向：提高经济效益，创新商业模式

国有企业发展混合所有制经济，主业处于充分竞争行业和领域的国有企业，与其他非国有资本一样，都要以提高企业的经济效益为根本宗旨，在市场竞争中不断发展壮大。当前，竞争性国企效益提升还面临一些问题，国有企业机制、经营活力、管理者素质等需要进一步改善和提高。

提高企业的经济效益，就必须创新企业管理体制，建立完善的经营管理体系，在国有企业中要进行公司化的改组，建立现代企业管理制度，将国有企业的所有权和经营权分开，有效解决以前国有企业运行中权利主体不明确的问题。推进企业技

术创新，不断提高自己的创新能力，不断推出新的产品，保持自己的优势地位，使企业赢得市场先机。推进企业管理工作的规范化、科学化，不断采用适应市场需求的管理方式。推进企业发展方式创新，使企业经营方式由粗放型向集约型转变。

管理学大师彼得·德鲁克曾说："当今企业之间的竞争，不是产品之间的竞争，而是商业模式之间的竞争。"加强商业模式创新是适应经济转型发展的根本要求，是适应商业环境变化的根本需要，是提高企业核心竞争力的必然选择。当前，竞争性领域许多国有企业对商业模式创新缺乏必要的认同和认识，对其自身的商业模式也没有仔细的分析和清晰的认识，商业模式一直比较保守和传统。

国有企业要不断适应当前商业环境信息化、市场化和全球化的需求，再造企业流程、增加运营效率和降低运营成本，创造更多客户价值，改变企业的盈利模式，增强企业的盈利能力。必须从简单的提供产品向提供综合问题一揽子解决方案转变，必须从单纯地追求企业自身的效益向利益相关者合作共赢转变。牢固树立为客户创造价值的理念，强化自主创新和信息技术的支撑作用，以客户需求为导向优化产业、产品结构，围绕价值创造完善企业内部运行体系，围绕价值实现积极创新企业盈利模式，增强企业的核心竞争能力。

3. 手段：股权多元化

《意见》提出，要充分运用整体上市等方式，积极引入其他国有资本或各类非国有资本实现股权多元化。总的来看，竞争性领域国有企业的市场化改革，一个重要途径是依托资本市场实行公众公司改革，推进股权多元化，使企业能够按照市场规则的要求运作发展。竞争性领域国有企业推进股权多元化的方式主要有以下几种：

（1）引进战略投资者。战略投资者的范围包括：产品的供应商、销售商、合作方、风险投资机构、个人等，具体的引入方式有：

一是增资扩股。吸收外来股东的投资资金，扩大总股本。此办法有可能使原股东持有的股份稀释，降低了原股东的持股份额，但是如果原股东要继续保持其控股地位，外来投资者的股权比例可以协商解决。

二是出让产权。原企业股东出让所持部分股权，并以约定的价格卖给战略投资者，实现股权多元化。战略投资者购买股权可以现金方式获得股东出让的股权；可以用自己拥有的其他企业股权来获得目标企业的股权，这种方式有很大的灵活性；还可以用自己掌握的技术、设备资产评估作价来获得目标企业的股权。

（2）收购兼并。凭借较雄厚的资金、较强的驾驭能力和组织管理能力，国有企业可以采取收购兼并其他国有企业或非国有企业模式实现股权多元化，从而掌握更多的生产要素，充分发挥市场配置资源的决定性作用，进行统筹兼顾，发挥各自优势，实行综合治理，整合各种资源，建立健全适应发展需要的新机制、新体制。重组后的企业扩大了规模，能较快进入良性发展，原国有企业的优势得到较充分发挥，其他资本也实现了较低成本的扩张。

（3）上市。利用资本市场向社会公开募集股份是股权多元化的终极和最高形式。一个企业由单一股权的企业发展为有限责任公司，再发展为股份有限公司，并最终公开向社会募集资本而成为一个上市公司，是一个完整的股权多元化和社会化过程。

4. 治理：以资本为纽带

《意见》提出，坚持以资本为纽带完善混合所有制企业治理结构和管理方式，国有资本出资人和各类非国有资本出资人以股东身份履行权利和职责，使混合所有制企业成为真正的市场主体。资本纽带关系是企业股东之间通过对企业的控股、参股等形式联结起来的股权关系，从而形成成员之间利益共享、风险共担的机制。促进充分竞争领域混合所有制企业的健康发展，必须平等保护各类企业和投资者的合法权益，实现国有股东与民营股东的互利共赢。

股权平等原则意味着在基于股东资格而发生的公司与股东、股东与股东之间的法律关系中，所有股东均按其所持股份的性质、内容和数额享受平等待遇，并且免受不平等待遇。根据股权平等原则，只要股东所持股权的内容和数量相同，公司就应站在公允、超然的立场上，对所有股权平等对待、一视同仁，不得厚此薄彼、有所偏爱，肆意决定某些股权或利益之大小。持股内容和持股比例相同的公有制股东与非公有制股东间、法人股东与个人股东间、贫富股东间、大小股东间、新旧股东间、内资股东与外资股东间、本地股东与外地股东间，都是平等的。在一定意义上，股权平等原则意味着只认股不认人。

对于充分竞争领域的国有企业，应遵循市场经济微观主体商业化运行的普遍规律，通过建立健全公司治理结构，充分发挥战略型董事会在治理机构中的核心作用。出资人机构依据委托代理的治理原则，选择国有资本的代理人依法进入公司的董事会和监事会，行使战略决策和日常监督职责。国有资本的代理人的选择遵循商业化运作的模式，逐步做到市场化、职业化和契约化管理。

（三）商业类国有企业Ⅱ

对关系国家安全、国民经济命脉的重要行业和关键领域、主要承担重大专项任务的企业，《意见》提出，对该类混合所有制企业要实行国有独资或控股。对自然垄断行业，实行以政企分开、政资分开、特许经营、政府监管为主要内容的改革，根据不同行业特点实行网运分开，加强政府规制和分类依法监管，规范盈利模式，放开竞争性业务。主要点到了以下五类行业以及其他重要行业和领域。

1. 重要基础设施行业

基础设施建设是我国经济社会发展的基础，对于促进产业发展、提高经济运行效率、增强城乡综合承载能力、稳步推进新型城镇化建设具有重要意义。

【政策直通车】

重要通信基础设施、枢纽型交通基础设施、重要江河流域控制性水利水电航电枢纽、跨流域调水工程等领域，实行国有独资或控股，允许符合条件的非国有企业依法通过特许经营、政府购买服务等方式参与建设和运营。（《关于国有企业发展混合所有制经济的意见》）

《意见》明确提出，对这些重要的基础设施行业，在企业股权上仍然要实行国有独资或控股，这是由这些行业的功能特点决定的。重要基础通信设施、枢纽型交通基础设施、重要江河流域控制性水利水电航电枢纽、跨流域调水工程等领域，事关国家核心战略和安全利益，对其实行国有独资或控股，有利于维护国家经济安全。

同时，《意见》也提出，政府鼓励民间资本在这些基础设施行业的建设和经营环节广泛参与。当前，国家正鼓励电信业进一步向民间资本开放。鼓励和引导民间资本投资宽带接入网络建设和业务运营，大力发展宽带用户。推进民营企业开展移动通信转售业务试点工作，促进业务创新发展。支持基础电信企业引入民间战略投资者，推动中国铁塔股份有限公司引入民间资本，实现混合所有制发展。鼓励社会资本参与水运、民航基础设施建设。探索发展"航电结合"等投融资模式，按相关政策给予投资补助，鼓励社会资本投资建设航电枢纽。鼓励社会资本投资建设港口、内河航运设施等。积极吸引社会资本参与盈利状况较好的枢纽机场、干线机场以及机场配套服务设施等投资建设，拓宽机场建设资金来源。常规水电和抽水蓄能向社会资本进一步放开。在做好生态环境保护、移民安置和确保工程安全的前提下，通过业主招标等方式，鼓励社会资本投资常规水电站和抽水蓄能电站。鼓励社会投资参与有一定经济效益的重大水利工程建设。国家鼓励社会资本以特许经营、参股控股等方式参与具有一定收益的重大水利工程建设和运营，建立健全政府和社会资本合作机制，合理选择 BT、BOT 和股权投资等合作模式。

【他山之石】

法国铁路 PPP 模式的融资形式

法国新的立法主要考虑了民营部门可以作为合作伙伴或者特许经营者，两者在基础设施项目融资、设计、建设和经营等方面可以发挥同样的作用。根据 2006 年 1 月 5 日生效的运输安全和发展立法，批准的法国铁路基础设施项目允许法国铁路基础设施管理机构（RFF）对铁路基础设施采用 PPP 模式（Public – Private Partnership，公私合作模式）进行融资，要求公共机构和民间投资者之间建立一种契约关系。法国铁路基础设施 PPP 项目主要采用合伙契约或特许经营协议的方式，充分利用民营企业的先进技术和融资经验，吸引民营资本进入铁路基础设施建设领域。由于法国铁路建立了独立于法国铁路基础设施管理机构和法国铁路公司（SNCF）的铁路安全机构，并负责所有的 PPP 项目和非 PPP 项目以及有关安全性、互通性的认证，因而 PPP 项目合同不包括运输能力分配和安全设备的操作与维修，主要包括基础设施建设、维修和运营等方面。

（资料来源：侯敬《法国铁路基础设施的管理及 PPP 融资》，《综合运输》2008 年第 2 期。）

2. 重要自然资源行业

重要水资源、森林资源、战略性矿产资源等，均属国家关键性资源，要实行国有独资或绝对控股，体现国家意志。近年来，在我国国民经济快速发展的同时，这些关键性资源在国家战略中的重要性越来越突出，保证国家资源的经济安全也就变得越来越重要，不仅可以有效缓解我国经济面临的资源与环境压力，而且可以为经济社会的可持续发展拓展新的发展空间，提供有力的资源保障。《意见》提出，对这些重要自然资源行业的开发利用，首先要坚持国有独资或绝对控股。

【政策直通车】

重要水资源、森林资源、战略性矿产资源等开发利用，实行国有独资或绝对控股，在强化环境、质量、安全监管的基础上，允许非国有资本进入，依法依规有序参与开发经营。(《关于国有企业发展混合所有制经济的意见》)

在开发经营环节，《意见》提出，在强化环境、质量、安全监管的基础上，允许非国有资本进入，依法依规有序参与。目前，国家已经提出要通过水权制度改革吸引社会资本参与水资源开发利用和保护。加快建立水权制度，培育和规范水权交易市场，积极探索多种形式的水权交易流转方式，允许各地通过水权交易满足新增合理用水需求。鼓励社会资本通过参与节水供水重大水利工程投资建设等方式优先获得新增水资源使用权。国家也提出，在严格保护森林资源的前提下，鼓励社会资本积极参与生态建设和保护，对社会资本利用荒山荒地进行植树造林的，在保障生态效益、符合土地用途管制要求的前提下，允许发展林下经济、森林旅游等生态产业。2012 年 6 月，国土资源部和全国工商联联合发布了《关于进一步鼓励和引导民间资本投资国土资源领域的意见》，明确提出了鼓励民间资本参与矿产资源勘查开发、油气资源的勘查开采，吸引社会资金，打造多元化投资平台。

3. 重要传输网络行业

江河主干渠道、石油天然气主干管网、电网等重要传输网络是国家资源和能源重大基础设施，是保障我国重要资源和能源安全输送和稳定供应的重要基础。这些传输网络的安全运行不仅是重要的经济问题，也是重大的民生问题。传输网络建设属于长期投资项目，工程量大、投资高、资本回报期长，具有自然垄断的特性。与欧美等发达国家相比，我国传输网络设施发展尚处于初级阶段，市场化程度不高，大多由政府部门主导建设、运行与管理，资金来源主要依靠政府直接投资和财政转移支付等方式，筹集渠道比较单一。

网运分开，"网"一般具有自然垄断属性，但是"运"可以形成市场的竞争。主辅分离，自然垄断属性的"主业"要实行国有独资或绝对控股，竞争性的"辅业"则完全可以向社会放开，允许非国有资本平等进入。对这些传输网络行业进行网运分开、主辅分离的改革，对其自然垄断的网络平台实行国有独资或绝对控股，不仅能够保障国家能源、资源供应的安全，同时也能有效避免传输网络重复建设、无序建设以及盲目建设等问题。

【政策直通车】

江河主干渠道、石油天然气主干管网、电网等，根据不同行业领域特点实行网运分开、主辅分离，除对自然垄断环节的管网实行国有独资或绝对控股外，放开竞争性业务，允许非国有资本平等进入。（《关于国有企业发展混合所有制经济的意见》）

2014 年 2 月，国家能源局出台《油气管网设施公平开放监管办法（试行）》，明确要求油气管道投资建设运营向民间资本、社会资本开放。支持民营企业参股建设油气管网主干线、城市配气管网，控股建设油气管网支线。对于电网建设，2014 年 11 月，《国务院关于创新重点领域投融资机制鼓励社会投资的指导意见》提出，积极吸引社会资本投资建设跨区输电通道、区域主干电网完善工程和大中城市配电网工程。将海南联网二回线路和滇西北送广东特高压直流输电工程等项目作为试点，引入社会资本。鼓励社会资本投资建设分布式电源并网工程、储能装置和电动汽车充换电设施。

4. 重要技术、数据和战略物资行业

对国家发展和国家安全有着重要意义的核电、重要技术平台、基础数据以及战略物资储备等领域，《意见》提出，要实行国有独资或绝对控股，因为这些领域国有经济主导作用的发挥有利于加快科技进步，推进经济转型升级，形成社会生产力和综合国力的战略支撑，必须摆在国家发展全局的核心位置。

【政策直通车】

核电、重要公共技术平台、气象测绘水文等基础数据采集利用等领域，实行国有独资或绝对控股，支持非国有企业投资参股以及参与特许经营和政府采购。粮食、石油、天然气等战略物资国家储备领域保持国有独资或控股。（《关于国有企业发展混合所有制经济的意见》）

同时，《意见》也提出，在国有独资或绝对控股前提下，这些关系国家创新能力的重要前瞻性、战略性产业并不是所有环节都由国企垄断经营，非国有企业也可以在部分行业进行投资参股、特许经营和参与政府采购。当前，由于民营企业的发展还有许多"瓶颈"，企业发展的规模、技术水平还有待提高，一些核心技术和关键产品大量依赖国企生产和国外进口的格局并未改变，粮食、石油、天然气等一些具有战略意义的物资储备，民间资本的参与程度还不够。

随着核电重启，原有生产体系已经满足不了需求，扩大核电设备生产方面民营企业参与度是大势所趋。相关部门已明确提出，在确保具备核电控股资质主体承担核安全责任的前提下，引入社会资本参与核电项目投资，鼓励民间资本进入核电设备研制和核电服务领域。这意味着大量民营资本可以通过参股的形式，从核电设备市场中分"一杯羹"。毫无疑问，鼓励民资参与核电项目建设有利于促进核电发展资本的多元化，优化其资本结构，促进核电健康发展。

大力建设和发展技术创新公共服务平台，是实现发展方式转变、解决企业创新难题、破除企业尤其是民营中小企业创新瓶颈、增强企业创新动力的重要举措。当前，我国自主创新能力还不够强，科技体制机制与经济社会发展和国际竞争的要求不相适应，为加快推进创新型国家建设，充分发挥科技对经济社会发展的支撑引领作用，必须提高科研院所和高等学校服务经济社会发展的能力，充分发挥国家科研机构的骨干和引领作用，发挥高等学校的基础和生力军作用，引导和鼓励非公资本参与和主导的科研机构发展，在承担国家科技任务、人才引进等方面加大支持力度。

近年来，在气象测绘水文等基础数据采集利用领域，国家相继出台了一系列对民营企业的扶持政策，在技术培养、技术指导上给予支持，搭建平台，为企业减轻负担，促进发展。未来可通过政府与企业在大数据采集及应用方面进行合作，融合基础数据和海量的商业数据，形成精细化的数据产品对外开放。

5. 国防军工等特殊产业

国防军工行业承载着促进国家经济结构调整和产业升级的重任，往往体现着一个国家的科技水平和组织能力，需要集中国家最精锐的科研和生产力量。《意见》提出，对国防军工等特殊产业，从事战略武器装备科研生产、关系国家战略安全和涉及国家核心机密的核心军工能力领域，实行国有独资或绝对控股。

【政策直通车】

国防军工等特殊产业，从事战略武器装备科研生产、关系国家战略安全和涉及国家核心机密的核心军工能力领域，实行国有独资或绝对控股。其他军工领域，分类逐步放宽市场准入，建立竞争性采购体制机制，支持非国有企业参与武器装备科研生产、维修服务和竞争性采购。（《关于国有企业发展混合所有制经济的意见》）

在对核心军工能力领域实行国有独资或绝对控股的前提下，对于其他军工领域，《意见》提出，要分类逐步放宽市场准入，建立竞争性采购体制机制，支持非国有企业参与武器装备科研生产、维修服务和竞争性采购。围绕提高国防科研和武器装备自主创新能力，健全国防工业体系，完善国防科技协同创新体制，改革国防科研生产管理和武器装备采购体制机制，引导优势民营企业、优质社会资源进入军品科研生产和维修领域，这对于推动军工产业升级、增强物质技术支撑具有重要意义。

【混改小百科】

十大军工集团简览

中国核工业集团公司：成立于 1999 年，前身是中华人民共和国第二机械工业部、核工业部和中国核工业总公司，主要从事核军工、核电、核燃料循环、核技术应用、核环保工程等领域的科研开发、建设和生产经营。

中国核工业建设集团公司：1999 年在原中国核工业总公司所属部分企事业单位基础上组建而成，2004 年国资委批准集团公司主业为"军工工程，核电工程、核能利用，核工程技术研究、服务"。

中国航天科技集团公司：成立于 1999 年 7 月 1 日，前身源于 1956 年成立的我国国防部第五研究院，承担着我国全部的运载火箭、应用卫星、载人飞船、空间站、深空探测飞行器等宇航产品及全部战略导弹和部分战术导弹等武器系统的研制、生产和发射试验任务。

中国航天科工集团公司：前身为 1956 年 10 月成立的国防部第五研究院，拥有完整的防空导弹武器系统、飞航导弹武器系统、固体运载火箭及空间技术产品等技术开发与研制生产体系。

中国航空工业集团公司：2008 年 11 月 6 日由原中国航空工业第一、第二集团公司重组整合而成立，设有航空装备、运输机、发动机、直升机、机载设备与系统、通用飞机、航空研究、飞行试验、贸易物流、资产管理、金融、工程建设、汽车等产业板块。

中国船舶重工集团公司：成立于 1999 年 7 月 1 日，拥有我国目前最大的造修船基地和 8 个国家级重点实验室，7 个国家级企业技术中心，150 多个大型实验室，具有较强的大型成套设备开发制造能力。

中国船舶工业集团公司：组建于 1999 年 7 月 1 日，形成了以军工为核心主线，贯穿船舶造修、海洋工程、动力装备、机电设备、信息与控制、生产性现代服务业六大产业板块协调发展的产业格局，在海洋防务装备、海洋运输装备、海洋开发装备、海洋科考装备四大领域拥有雄厚实力。

中国兵器工业集团公司：现有子集团和直管单位 46 家，主要面向陆、海、空、天以及各军兵种研发生产精确打击、两栖突击、远程压制、防空反导、信息夜视、高效毁伤等高新技术武器装备，在中国的国防现代化建设中发挥着基础性、战略性作用。

中国兵器装备集团公司：成立于 1999 年 7 月，拥有长安、天威、嘉陵、建设等 50 多家企业和研发机构，在全球建立了 30 多个生产基地和营销网络，拥有特种产品、车辆、装备制造等主业板块。

中国电子科技集团公司：在原信息产业部直属研究院所和高科技企业基础上组建而成，主要从事国家重要军民用大型电子信息系统的工程建设，重大装备、通信与电子设备、软件和关键元器件的研制生产。

（资料来源：国务院国资委网站，http：//www.sasac.gov.cn。）

截至 2015 年 5 月，取得军品科研生产资质的单位中，十大军工集团所属单位仅占 32.1%，除十大军工集团以外的民口单位已占 67.9%，其中民营单位占比近 40.7%，"民参军"步伐明显提速。从民营经济的技术条件来看，已初步具备研制生产现代信息化军工装备的能力。尤其是在电子技术、计算机、高端制造和材料技术等方面，部分民企的技术水平已超过军工部门，民用产品与军用产品的通用性、兼容性不断提高。军民融合的发展，有利于提高管理和生产效率。政府强力推动军民深度融合发展，鼓励民营企业参与军工装备研制和配套，加上军工装备升级的巨大需求，拥有核心技术的"民参军"企业将迎来新一轮发展机遇。

为了鼓励民企进入军工产业，有关部门正积极解决"民参军"所面对的门槛问题，努力为实现军民融合深度发展创造有利条件。第一，努力构建法规制度体系，切实解决各自为政、交叉重复等问题；第二，完善市场准入制度，切实解决"民参军"过程中市场准入门槛高、不透明等问题；第三，建立规范信息发布制度，切实解决"民参军"过程中信息互不通畅、不及时的问题；第四，扎实推进装备采购制度改革，切实解决行业垄断难破除、竞争规则不完备的问题；第五，大力强化监督管理机制，切实解决对"民参军"管不好、不会管的问题。

在符合有关政策法规规定的情况下，要鼓励支持民间资本进入军工领域，允许民间资本通过参股、控股、兼并和收购等形式，参与以民为主或从事军民两用产品、一般武器装备及配套产品军工企业的改组改制，鼓励参与军工企业分离办社会职能和辅业改制。目前，有关部门已要求进一步合理界定许可管理范围，充分吸纳社会优质资源进入军工装备科研生产和维修领域。

6. 其他重要行业和关键领域

【政策直通车】

对其他服务国家战略目标、重要前瞻性战略性产业、生态环境保护、共用技术平台等重要行业和关键领域，要加大国有资本投资力度，发挥国有资本引导和带动作用。（《关于国有企业发展混合所有制经济的意见》）

党的十八届三中全会通过的《决定》中明确提出："国有资本投资运营要服务于国家战略目标，更多投向关系国家安全、国民经济命脉的重要行业和关键领域，重点提供公共服务、发展重要前瞻性战略性产业、保护生态环境、支持科技进步、保障国家安全。"从国有企业分类上来说，这里面就包含了《意见》中提出的这些领域，这些具有特定功能的行业和领域，对国家经济和社会发展也非常重要。

一般而言，在涉及国民经济命脉的重要行业和关键领域，以及支柱产业、高新技术产业等需要国有经济起控制作用的行业中，国有资本应当绝对或相对控股，而在不需要控制的一般性行业中，则不必追求控股地位，可以根据资本运营的需要，有进有退，市场化运作。可见，《意见》中提出的这些其他重要行业和关键领域，国有资本也应积极参与，但不一定都采取国有独资或控股的形式，而是要充分发挥各类资本特别是在这些行业已经具备一定基础的非国有资本的积极性，大力发展混合所有制经济。通过与非国有资本的结合，可以更好地发挥国有资本的自身特点和优势，起到引领和带动作用。

这种引领和带动作用的发挥要依靠国有企业这个重要的创新平台。要充分发挥国有企业实力雄厚、资源整合能力强的优势，鼓励支持国有企业加强技术创新，加大对战略性新兴产业的投入，加强对战略性资源的整合，加快国有和民营企业的联合重组，尽快培养一批具有较强国际竞争力和自主创新能力的世界一流企业，为提高我国的自主创新能力和国际竞争力作出应有的贡献。

（四）公益类国有企业

对公益类国有企业推进混合所有制改革，《意见》重在引导和规范。强调必须根据不同行业特点进行分类指导，重点是改革条件和时机的把握。

1. 实行分类指导

《意见》提出，在水电气热、公共交通、公共设施等提供公共产品和服务的行业和领域，根据不同特点，加强分类指导，推进具备条件的企业实现投资主体多元化。

一般来说，公益性通过政府提供的公共服务来表现，主要有纯公共服务、可分的准公共服务、不可分性的准公共服务和具有自然垄断性的公共服务等。而我们讨论的公益类国有企业主要属于后两类，即不可分性的准公共服务和具有自然垄断性的公共服务。当前，我国推进公益类国有企业的混合所有制改革，也要坚持分类指导的原则，推进具备条件的企业实现投资主体多元化。

一类是不可分性的准公共服务。这类大部分必须收费。生产具有不可分性的物品一般规模效益巨大，而且初始阶段投入资本量大，所需经营资本相对较少，如公路、电力、通信、桥梁等。另一类是政府提供具有自然垄断性的物品或服务。这类物品或服务必须收费。公用事业性物品或服务的生产，如供水、供电、供气等，具有自然垄断的属性，在一定区域同时重复建设网线或管路，显然是不经济的。因此，对于具有自然垄断属性的公用事业，无论哪一种投资主体和运营主体，政府的作用是进行合理的价格管制，使其价格定在能够弥补平均总费用的水平上，允许企业获得正常和相对稳定的利润，政府加强监管，保证服务质量。

从以上公共服务的类型可以看出，政府应该合理运用收费和收税两种手段，在保证公平的条件下，弥补市场失灵的缺陷，提高资源配置效率，但收费的多少与运营模式有很大的关系。国外公益型国企监管大致有两种方式：一是国家出资（包括资本金和项目资金），政府经营。其国有企业的领导享受国家公务员待遇，经营状况纳入财政预算。二是国家出资，项目由财政支付或补贴，企业则市场化运作。中国大部分公益型国有企业与国外第二种公益型国有企业类似。政府公共管理部门对于这类公益型国有企业的监管，主要是监管财政资金安全、项目质量和营运效率。

【资料链接】

基础设施和公用事业特许经营实施要点

——基础设施和公用事业特许经营期限应当根据行业特点、所提供公共产品或服务需求、项目生命周期、投资回收期等综合因素确定，最长不超过30年。

——对于投资规模大、回报周期长的基础设施和公用事业特许经营项目可以由政府或者其授权部门与特许经营者根据项目实际情况，约定超过前款规定的特许经营期限。

——特许经营协议根据有关法律、行政法规和国家规定，可以约定特许经营者通过向用户收费等方式取得收益。向用户收费不足以覆盖特许经营建设、运营成本及合理收益的，可由政府提供可行性缺口补助，包括政府授予特许经营项目相关的其他开发经营权益。

——特许经营协议应当明确价格或收费的确定和调整机制。特许经营项目价格或收费应当依据相关法律、行政法规规定和特许经营协议约定予以确定和调整。

——国家鼓励通过设立产业基金等形式入股提供特许经营项目资本金。鼓励特许经营项目公司进行结构化融资，发行项目收益票据和资产支持票据等。

——国家鼓励特许经营项目采用成立私募基金，引入战略投资者，发行企业债券、项目收益债券、公司债券、非金融企业债务融资工具等方式拓宽投融资渠道。

（资料来源：《基础设施和公用事业特许经营管理办法》。）

2. 鼓励非国有企业以多种方式参与经营

对于非国有企业参与公益类国有企业改革的方式，《意见》提出，可通过购买服务、特许经营、委托代理等方式，鼓励符合相关资质条件的非国有企业参与经营。

（1）政府购买服务方式。其主要方式是"市场运作、政府承担、定项委托、合同管理、评估兑现"，即政府将由自身承担的为社会发展和人民日常生活提供的公共服务事项交给有资质的社会组织来完成，并定期按照市场标准相互建立提供服务产品的合约进行约束和监管。此类项目经济上的显著特点是，为社会提供服务，以非营利为目的，使用功能不收取费用或只收取少量费用。如涉水项目中的城镇排水、雨水收集利用、排水管网、水环境治理项目，市政公用中的道路清扫保洁、公厕管理、市政照明、道路桥梁维护、园林绿化管养项目等。

（2）政府购买服务、特许经营组合方式。此类项目虽然可以回收部分投资、保本或微利经营，但具有建设周期长、投资多、风险大、回收期长或者垄断性等特点，单靠市场机制难以达到供求平衡，需要政府参与投资经营，并且应以控股和参股等方式进行。准经营性项目实施特许经营和政府购买服务相结合，如综合管廊、轨道交通（城际交通）、公共交通项目，涉水项目中的污水处理、中水回用等厂网一体化项目，环卫环保项目中的垃圾收运系统及生活垃圾处理焚烧、卫生填埋、填埋气利用工程，餐厨垃圾处理工程、建筑垃圾综合利用等收运处一体化项目。

（3）合资合作和特许经营方式。此类项目收费或价格形成机制较为健全，可以通过"使用者付费"实现投资回报。如涉水项目中的城镇供水、城市煤气、天然气、液化石油气、管道燃气、CNG 燃气、LNG 燃气、加气站等项目，城市供热等项目。

3. 加强政府监管

党的十八届三中全会《决定》对公益类国企的监管已有明确要求，"国有资本加大对公益性企业的投入，在提供公共服务方面作出更大贡献"。对于公益类国有企业开展混合所有制改革，《意见》提出，政府要加强对价格水平、运营成本、服务质量、安全标准、信息披露等方面的监管，并引入社会评价机制。

这就是说，对公益性企业是不能以资本保值、增值作为主要考核指标的，而应着重在成本控制、服务质量等方面提出要求。

具体来说，对于公益性质企业，监管的重点是引导它们更多地为社会提供服务和产品，降低成本，同时通过改进技术惠及社会。出资人机构对于公益性国有企业监管的重点是科学导向和评价提供社会公共产品的价值。而政府管理部门对公益性国有企业的监管是出于公共利益代表的身份，监管的重点是项目计划实施进度、资金使用情况、项目进度和工期的完成情况等；对于持续提供公共产品的监管重点主要是产品的供应量、产品标准和服务质量、制造成本和价格公允性等。

对于公益性国有企业监管方式是依据治理制度的设立类型，选定合适的监管方式。对于国有独资的公益性国有企业，由出资人机构直接选择、管理和考核企业主要负责人，通过组织委派和任命的方式，明确企业经营责任和目标，保证项目任务或公共产品的提供，并协调政府有关管理部门的监管事宜；对于国有独资公司的公益性国有企业，通过建立以董事会为治理核心的治理结构，使公司治理制度成为出资人监管和政府有关管理部门的结合平台。政府有关管理部门可以按照《中华人民共和国企业国有资产管理法》第 13 条的规定，推选人选作为出资方代表进入公司决策和监督机构，监管方式由直接转为间接，由公司外部转为治理结构内部，以提高监管的有效性。通过有效的监管方式控制成本摊销，要对企业账目进行严格审计，合理费用摊销，不合理费用剔除，对实现公益目标产生的成本实行认证制度，防止鱼目混珠，不断提高经营效率和水平。同时，公益性国有企业的账目应该向社会公开，如此才能营造一个相对公平的氛围。

三、分层推进国有企业混合所有制改革

经过多年的改革和发展，我国国有企业逐步形成了以集团母公司和众多子公司为主要特征的母子公司集团化管理模式，同时国有企业实行分级管理体制，形成了众多中央企业和地方国有企业。鉴于此，《意见》提出要分层推进国有企业混合所有制改革。混合所有制改革应因企施策、因地制宜，针对不同层级国有企业的现状特点和股权结构，对中央企业集团母公司、子公司和地方国有企业分别实施不同的混合所有制改革路径和策略。

（一）国有企业层级

中央企业集团公司、子公司和地方国有企业等不同层级的国有企业各有特点，也各有优势，推进混合所有制改革的基础条件各不相同，要充分认识和研究各层级企业的特点，一企一策，有针对性地推进改革。

1. 中央企业集团公司

中央企业集团公司主要是指由国务院国资委监管的中央一级企业以及中央其他部门监管的一级企业。党的十六大明确提出，从战略上调整国有经济布局的任务后，特别是 2003 年国务院国资委成立以来，中央企业战略性调整步伐加快，着力组建了一批具有较强国际竞争力的大公司、大企业集团。国务院国资委监管的中央企业户数由最初的198家调整到目前的110家，中央企业的战略性重组取得了实质性进展。

我国的国有企业集团很多是伴随国企改制而组建起来的，企业组建的背景各不相同，资产结构和业务构成比较复杂。很多中央企业在集团公司层面并不开展实际的经营业务，事实上就是一个企业投资总部和管理总部。集团公司绝大部分仍然是国有独资企业，资产规模大、子公司行业分布广、业务类型差别大、股权定价更加困难。一些中央企业仍然是按照《全民所有制工业企业法》和《全民所有制工业企业转换经营机制条例》等专门规范登记注册，并按照此类规范运作，企业集团公司的主要领导仍然实行任命制，执行的仍然是计划经济条件下的总经理"一把手负责制"。即使一些企业按照《公司法》的要求改制成国有独资公司，但是由于产权、人事等多方面关系没有理顺，企业改制进程相对缓慢。

2. 二级及以下子公司

二级及以下子公司主要是指由中央企业集团公司履行出资人职责并全资、控股或参股的集团公司成员企业。中央企业集团公司二级及以下企业，大多是主营业务明确、业务相对单一的实体企业，企业收入、利税情况更加清晰准确，企业资产定价更加容易。同时，子公司企业经营机制相对灵活、管理团队更加专业、职业经理人队伍更加规范，更加有利于开展混合所有制改革、转换企业经营机制。

从实际来看，中央企业集团二级及以下子公司混合所有制改革已探索多年并取得一些成效。混合所有制经济是社会主义市场经济制度下国企改革发展的独特模式和重大创新，成功解决了公有制与市场经济结合的世界性难题。党的十五大提出混合所有制经济可作为公有制经济的重要组成部分。近年来，国有企业改革不断向纵深推进，机制层面最深刻的变化就是子公司层面的混合所有制企业日益增多，国有控股上市公司成为我国上市公司群体中的重要力量。目前，全国90%以上的国有企业、72%的中央企业完成了公司制股份制改革；中央企业资产总额的52%、营业收入的60%、利润的83%来源于上市公司。在很多上市公司中，国有资本虽然是第一大股东，但从资本绝对值来讲，非公有制资本往往占有50%以上的比例。

正是在国有企业集团二级及以下子企业层面进行了大胆的股份制和股权多元化改革，中央企业子公司的股权结构和治理结构才得到极大优化。也正是这样的股权结构成为国有上市公司保持活力和竞争力的根本制度保证，不仅把民营资本和财务投资人吸纳进来，还让全社会分享国企改革发展成果，形成了我国独具特色的融合经济。同时，在资本市场中，国有企业也接受了民营资本参与的改制，管理体制和经营机制发生了深刻变化，竞争力明显提高。中央企业大规模推进市场化改革、海内外上市，广泛开展与民营企业合作的混合所有制带动了企业机制的变革，极大地改善了中央企业子公司的股权结构和公司治理结构，也大大提高了中央企业子公司的经营效率和盈利能力。

3. 地方国有企业

地方国有企业大多是在由计划经济体制向市场经济体制转轨过程中，在特殊的经济社会发展环境及法律、政策环境中，由地方政府投资或中央划归地方管理而不断形成和发展的。与中央企业主要集中于国民经济的关键行业、发挥重大战略功能不同，地方国有企业大多分布于竞争性行业，仅有少部分是提供水、气、热等公共服务或者是服务于地方城市建设的平台类公司。由于区域发展水平、地方财力情况差距大，各地区国有企业发展水平差距很大。但总体来看，地方国有企业整体规模相对较小，大多数处在竞争性领域，经营机制比较灵活，整体上更加适合开展混合所有制改革。

近年来，各级地方政府立足于从整体上搞活国有经济，抓大放小、盘活存量、优化增量，采取多种方式，积极发展混合所有制经济，在混合所有制企业的组建方式、管理体制及治理结构等方面也进行了许多有益的尝试和探索，并取得了一定成效。目前，地方国有企业主要是省属企业和一部分地市所属企业，县一级的国有企业数量已经很少，而且主要是市政建设、基础设施、产业园区建设等领域的平台类公司。

党的十八届三中全会以来，很多地方都已经出台了深化国有企业改革的意见。其中，大力发展混合所有制是必备的重要内容，甚至很多地区已经专门出台了国有企业发展混合所有制经济的意见或试点工作方案。但是由于缺乏顶层设计、统筹规划以及统一的监管体制机制，还是暴露出许多问题。例如，混合所有制改革方案不完备、审核机制不完善、国有资产评估方法不科学、程序不规范等苗头性和倾向性问题。要进一步鼓励和引导地方国有企业依法合规、规范有序地推进混合所有制改革。

（二）子公司层面

大多数集团公司二级及以下子企业主营业务相对都比较明确，经营也比较规范，甚至很多都已经成功上市，企业治理机制比较完善。在二级及以下企业推进混合所有制改革更加具备条件，相对也更加容易，应作为混合所有制改革重点，规范有序推进。因此，《意见》明确要求，要引导子公司层面有序推进混合所有制改革。

1. 推进二级及以下企业混合所有制改革

《意见》指出，国有企业集团公司二级及以下企业，以研发创新、生产服务等实体企业为重点，引入非国有资本，加快技术创新、管理创新、商业模式创新。中央二级及以下企业推进混合所有制改革，甚至进行股份制改革并成功上市，可以优化企业股权结构和公司治理，有利于实现国有企业股权多元化，解决国有股"一股独大"、内部人控制、体制机制落后、经营效率不高等问题，进而真正达到混合所有制改革的初衷和应有效果。子公司层面的混合所有制改革应真正达到各种所有制资本取长补短、相互促进、共同发展的效果。

+·+

【混改小百科】

什么是国有股"一股独大"

国有股"一股独大"是指在企业的股权结构中，因国有股占比过高使其他性质的股东很难获得实质性话语权，造成企业治理缺乏多元股权的有效制衡。形成国有股"一股独大"的原因是多方面的。首先是进入壁垒的存在，限制了其他社会资本进入该领域；其次是国有企业本身体量巨大，社会资本进入后很难获得较高的股权占比；最后是国有股的退出机制还不完善。随着混合所有制改革的推进，国有股"一股独大"将得到逐步解决。

+·+

二级及以下企业，包括研发创新类高新技术企业、生产制造类企业和各类服务类企业等实体企业，都可以采取出资入股、收购股权、认购可转债、股权置换、兼并重组等多种方式，引入私营、集体、外资等非国有资本，尤其是引入长期战略投资者，改组改造现有国有企业，推动企业股权多元化，优化公司股权结构和公司治理，转化企业经营机制，进而推动企业加快技术创新、管理创新和商业模式创新，提升企业活力和市场竞争力。

二级及以下子公司的混合所有制改革，可选择所谓的"并联结构"，即各子公司按业务单元进行分类混合，让每一个业务单位、每一个企业都有自己的混合所有制股权安排，都有自己的公司治理机制和激励约束机制。各级子公司的设立和混合所有制改革，要有更加科学的方案，合理限定子公司法人层级数量，有效缩短管理链条，压缩管理层级。

经过混合所有制改革，中央企业二级及以下业务子公司在企业集团内部和所属行业都处于充分竞争状态，始终保持一种"赛马状态"，更多依靠市场自身的压力机制激励企业提高效率和市场竞争力。中央企业各业务子公司独立的市场化运作，有利于分散和防范企业经营风险。充分混合之后的企业，完全按照市场化的机制进行运作，独立经营、自负盈亏，一旦出现经营风险，便于和母公司切割，不至于对中央企业集团整体造成重大损失。

2. 优化子公司股权结构

国有企业引入民营企业参与混合所有制改革，能够实现两者优势互补、融合发展，其中很重要的问题就是它的股权比例如何安排，这就有一个预先设计的问题。现在民营企业入股国有企业的也有不少，但很多的民营企业入股，实际上很难起到各类股东相互监督和制衡的作用，未能实现体制机制优势互补。

二级以下子公司可根据母公司混合所有制发展情况以及自身发展需要，进行大胆探索，通过多种方式积极引入民间资本。积极通过产权交易市场发布引入民间投资项目的相关信息，公开、公平、公正地进行股权的交易流转。引入的民间投资可以包括民营资本、PE 基金和个人资本等，不同投资主体可通过出资入股、收购股权、认购可转债、融资租赁等多种形式参与国企改制重组、股份制改造。

【混改小百科】

PE 基金

私募股权投资（Private Equity）基金简称 PE 基金，是通过私募形式募集资金对非上市企业进行的权益性投资，从而推动非上市企业价值增长，最终通过上市、并购、管理层回购等方式出售持股套现获取收益。私募股权投资的资金来源，面向有风险辨识能力的自然人或有承受能力的机构投资者，以非公开发行方式来募集资金。

要发展混合所有制，非国有资本必须要达到一定比例，各类资本股权比例结构要相对均衡，各类股东要有相对平衡的话语权，才能真正起到在战略决策和经营管理中的影响和补充作用。中央企业子公司还没有进行混合所有制改革的，要积极创造条件，引入非国有资本，推进子公司股权结构多元化。已经进行了混合所有制改革的，要通过兼并重组、增资扩股等多种方式，适当增加非国有资本比重，降低非国有资本股权比重，使各类股权比重更加均衡。

3. 股东依法行权履职

混合所有制企业的股东按照法律规定，享有同等的地位和职责，按照出资比例和公司章程的规定履行职责。混合所有制企业根据股权结构的预先安排，建立完善的董事会，充分保障各类股东在混合所有制企业资本收益、企业重大决策和选择经营管理者等方面的权利。尤其是民间资本入股后，作为混合所有制企业的股东，必须要充分保护新入股的民营资本股东的各项权利，使其享有充分的经营管理权和分红派息权。

+-+

【政策直通车】

明确股东的法律地位和股东在资本收益、企业重大决策和选择管理者等方面的权利，股东依法按出资比例和公司章程规定行权履职。（《关于国有企业发展混合所有制经济的意见》）

+-+

发展混合所有制经济，社会资本的进入推动企业股权多元化，进而加速推动现代企业制度和企业内部规章制度建设，实现所有者真正到位，各类股东以董事会为平台维护各自利益。

董事会以所有股东利益最大化为原则，充分行使董事会的职权，由董事会通过市场化方式选聘职业经理人，加快职业经理人队伍建设，推进核心经营团队建设和管理层持股、业务骨干持股、员工持股等方面制度建设，确保股东权力和利益不受损害。

【典型案例】

中国建材集团——央企子公司混合所有制改革经典之作

在我国混合所有制经济的发展历程中，中国建材集团作了积极的探索，它创造的"央企市营"模式实现了国有企业与民营企业的高度融合，在公有制经济与非公有制经济互相融合中进行的许多创新，为我国积极发展混合所有制经济作出了一定的贡献。

中国建材集团处于充分竞争的建材领域，面对多、散、乱和产能严重过剩的行业局面，建材集团选择了资本运营、联合重组、管理整合、集成创新的发展道路，独特的发展模式使得中国建材集团一开始就注重与民营企业的融合。十年间，中国建材集团重组联合了上千家民营企业，构筑了包括海外上市公司在内的混合所有制产业平台，在促进产业转型升级和提升企业发展质量的基础上实现了企业的快速成长，营业收入、利润均增长100倍，迅速成为营业收入超过2000亿元、利润过百亿元的世界500强企业。

中国建材集团在改革发展的实践中提出了"央企市营"模式，包括推行央企控股的多元化股份制、规范的公司制和法人治理结构、职业经理人制度、公司内部机制市场化、依照市场规律公平竞争等。在积极探索混合所有制的企业模式的过程中，中国建材集团坚持一个公式，即"央企的实力＋民企的活力＝企业的竞争力"，推行子公司和民企资本、资源和文化的深度融合。

混合所有制探索不仅推动了中国建材众多子公司及集团公司自身发展，而且带动了产业结构的转型升级和行业良性竞争发展。以水泥为例，中国建材集团按照国家产业政策，在短短数年时间里，从无到有、做大做强，重组了900多家水泥和混凝土企业，组建了众多混合所有制的子公司，水泥产能达到4亿吨，位居全球第一。通过联合重组实现行业适度集中，改变区域市场无序竞争格局，引领行业实现价值理性回归，使众多挣扎在亏损边缘的民营企业扭亏为盈。混合所有制的发展路径，是中国建材集团带动众多其他所有制企业实现包容性发展、取得共生多赢的关键。

（资料来源：宋志平《大力发展混合所有制企业》，《中国企业报》2013年11月26日。）

（三）集团公司层面

《意见》指出，探索在集团公司层面推进混合所有制改革。中央企业集团公司大多是超大型的企业，资产规模巨大，对国民经济具有重要战略作用和重大影响。集团公司层面混合所有制改革牵涉面广，引入非国有资本参与改革的难度相对较大。因此，要慎重选择具备条件的企业集团进行个别试点，逐步探索在集团公司层面推进混合所有制改革的有效途径。

1. 特定领域集团公司混合所有制改革

特定领域集团公司主要是指关系国家安全、国民经济命脉的重要行业和关键领域，主要承担重大专项任务的国有企业集团公司。此类集团公司数量有限、规模大、企业治理更加复杂，并承担着特定使命和功能，对整个国民经济健康、可持续发展影响大，引入非国有资本进行混合所有制改革的难度相对更大。《意见》要求，在国家有明确规定的特定领域，坚持国有控股，形成合理的治理结构和市场化经营机制。

由于承担着特殊的功能和企业使命，国家需要保持国有独资或绝对控股，要慎重推进混合所有制改革，即使推进也要首先在重要子公司层面进行试点，逐步推进。当然，这类集团公司也要积极推进公司制、股份制改革，建立现代企业制度，形成合理的治理结构和市场化经营机制，为混合所有制改革创造条件。同时，可以选择个别具备条件的中央企业集团进行试点，为集团公司层面推进混合所有制改革积累经验。

【政策直通车】

探索在集团公司层面推进混合所有制改革。在国家有明确规定的特定领域，坚持国有资本控股，形成合理的治理结构和市场化经营机制；在其他领域，鼓励通过整体上市、并购重组、发行可转债等方式，逐步调整国有股权比例，积极引入各类投资者，形成股权结构多元、股东行为规范、内部约束有效、运行高效灵活的经营机制。（《关于国有企业发展混合所有制经济的意见》）

2. 其他领域集团公司混合所有制改革

其他领域的集团公司主要是指主业处于充分竞争行业和领域的国有企业。《意见》提出，在其他领域，鼓励通过整体上市、并购重组、发行可转债等方式，逐步调整国有股权比例，积极引入各类投资者，实现股权结构的多元化、治理机制的规范化和经营机制的市场化。

中央企业集团母公司大都是国有独资企业，过去改革都是拿出子公司优质资产进行上市或股权多元化改革，分离出的低效、无效资产及人员债务负担长期得不到解决。这轮改革，一般领域的集团公司可尝试或试点推动一级企业也就是集团公司层面股权多元化改革。推进具备条件的集团母公司整体上市、成为公众公司是集团公司层面推进混合所有制改革的重要途径。

当然，无论上市与否，集团一级企业母公司层面都可以通过引进战略投资者、兼并重组、公开募股、交换股权、中外合资、债权转股权等办法进行股份制改革，通过增持减持的股权流转和交易，实现股权结构优化，促进国有、非国有资本双向进入、交叉持股、融合发展。股权投资者选择方面，产业关联、资源互补等有协作动机者优先。

集团公司层面可通过兼并重组方式发展混合所有制经济。对于经营机制相对完善、具备条件的集团公司，可以选择行业领域相近、关联性强、产业链上下游的非国有企业，通过股权置换、交叉持股的方式，进行企业间的兼并重组，引入非国有资本参股甚至是控股中央企业集团公司，实现集团公司股权多元化，从而将集团公司改造成为混合所有制企业。

集团公司层面也可以通过发行可转换债券的方式发展混合

所有制经济。选择企业治理结构比较完善、发展潜力大、资金需求量大的中央企业集团，尝试发行可转换债券，引入民间资本、非国有资本长期战略投资者，并通过在适当时机将可转换债券转换成集团公司股权，进而实现集团公司的股权多元化。

3. 推进集团公司整体上市

集团公司层面混合所有制改革最重要的路径应该是整体改制上市。具体方式可将中央企业集团整体进行股份制改造，使其符合上市公司发行新股的要求；也可将中央企业集团公司整体注入下属已上市公司最终实现整体上市。随着我国国有资产管理体制的调整和资本市场的发展，中央企业形成了母子公司网络组织。在这个网络中，中央企业集团公司是各个层级的子公司的终极母公司（实际控制人），整体上市后，集团公司集中了优质资源，形成了以自己为中心的母子公司网络，发挥着重要的战略控制和协调作用。

在现有的制度条件下，中央企业集团公司主要是借助母子公司控制模式，将全部或大部分优质资产注入所属的上市公司。整合后集团公司与上市公司总部机构编制完全重合，只是个别部门为适应监管需要，名称有所不同，很多职能部门均为"一套机构、两块牌子"。随着国有资产管理体制改革的进一步深入，整体上市的方式也会发生变化，集团公司整体进行股份制改造并上市，或者集团公司资产全部进入所属的上市公司并与上市公司合并，实现集团公司（母公司）上市将是主要方式。

集团公司整体上市后，企业治理结构和现代企业制度更加完善，股权流动性大大增强，从而在集团公司层面深化混合所有制改革的条件也更加成熟。在集团公司层面，可以通过并购重组、股权置换等方式,吸收、合并非国有企业,引入非国有资本投资。还可以向非公有制投资者发行可转换债券、引入长期战略投资等,优化集团公司股权结构和治理机制,提高集团公司整体运行效率。

(四)地方层面

从地方层面来说,国有企业分布范围广,情况差异大,混合所有制改革基础条件差距大。《意见》提出,鼓励地方从实际出发推进混合所有制改革。各地区要认真学习贯彻落实中央要求,紧密结合各地实际,完善改革方案,区别不同情况,采取多种方式,稳妥有序推进混合所有制改革。

1. 区别不同情况多方式推进混合所有制改革

地方国有企业引入非国有资本发展混合所有制经济,要紧密结合本地实际,采取多种方式,包括非国有资本收购国有股,参与国有企业增资扩股,认购可转换债券等。地方政府新投资项目要积极吸引社会资本参与,通过组建混合所有制企业推进项目建设,提高项目投资和运营效率。

+·+

【政策直通车】

鼓励地方从实际出发推进混合所有制改革。各地区要认真贯彻落实中央要求,区别不同情况,制定完善改革方案和相关配套措施,指导国有企业稳妥开展混合所有制改革,确保改革依法合规、有序推进。(《关于国有企业发展混合所有制经济的意见》)

+·+

地方国有企业具备整体上市条件的，要积极推动国企集团整体上市，不再保留没有上市的集团母公司，这是地方混合所有制最基本、最普遍，也是最规范、最经典的一种模式。集团母公司可以通过增发新股、子公司对母公司吸收式兼并等方式实现集团整体上市。

地方具有多元化投资性质的控股集团公司，可以转化为纯粹的国有资本投资或运营公司，做地方资本运营的平台公司，只做股权投资、做战略投资者，发展混合所有制的子公司，不参与具体企业经营业务。

没有达到上市条件的国有企业，可以先搞股份制改造，在保持国有控股的同时，把部分股权转给民营、社保基金、保险基金、私募，甚至是外资。总之，通过股权转让，引入非国有资本投资者，形成股权多元化的股份有限公司。

对长期经营困难、发展前途和可持续经营能力堪忧的企业，要积极与非公有制企业进行资源整合、优势互补，引入民间资本投资，甚至是民间资本控股，进而改造成为非国有资本控股的混合所有制企业。

地方国有企业混合所有制企业要进一步加大市场化改革力度，适应市场竞争的新趋势、新要求，通过市场化方式选聘经理层，建立市场化、专业化的选人用人机制，建立健全市场化的劳动用工制度，建立健全市场化的考核激励和薪酬制度，积极探索管理层和员工持股制度。

2. 总结推广地方混合所有制改革经验

鼓励地方积极探索混合所有制改革，遵循市场经济规律和企业发展规律，推动企业股权多元化、治理现代化，彻底转换企业经营机制，提升企业经营活力和市场竞争力。地方国有企业要勇于突破传统体制机制和思想观念的束缚，积极主动发展混合所有制企业，建立适合市场经济发展要求的企业经营体制机制。

各地要紧密结合本地实际，根据企业发展的实际情况，结合企业所处行业、盈利能力、发展潜力、经营机制、人员状况，合理选择试点企业，制定切实可行的混合所有制改革试点方案和相关配套措施，有序推进改革试点工作。在试点取得成效、充分总结经验的基础上，逐步扩大混合所有制改革覆盖范围。

起步较早、效果明显的地区和企业，要及时总结国有企业股权多元化、企业治理机制、股权激励、员工持股等方面的经验和教训，总结提炼出可复制、可推广的经验模式和方式方法。其他地区和有条件的地方国有企业要主动学习借鉴先进地区和企业的经验，完善混合所有制改革方案，加快混合所有制改革试点进程，积极稳妥推进混合所有制改革。

·+·—·+·—·+·—·+·—·+·—·+·—·+·—·+·—·+·—·+·—·+·—·+·—·+·—·+·—·+·—·+·—·+·—·+·—·+·—·

【典型案例】

黄奇帆：重庆混合所有制改革五种"混"法

第一种"混"法，推动国企集团整体上市，不留壳尾巴，这是混合所有制最基本、最普遍，也是最规范、最经典的一种模式。上市还留着尾巴的，可以通过增发新股、子公司对母公司吸收式兼并。

第二种"混"法，把部分现在合适的集团公司转化为巴菲特式、淡马锡式，或是中投式的投资公司。按一般经济规律，投资公司自身不举债，是资本玩资本，但基本不控股，只做股权投资、做战略投资者。

第三种"混"法，有的企业一时还没有达到上市条件，可以先搞股份制，在保持国有控股的同时，把部分股权转给民营、社保基金、保险基金、私募，甚至是外资。总之，通过股权转让，形成多元化的股份有限公司。

第四种"混"法，可以把转让掉的一部分股权所获得的国有资本，搞一批国资委直接控制的产业投资母基金，管理团队由国资委通过市场化方式选择组织，投资方向由发改委、经信委等部门指导。母基金不直接投到产业中去，而是按一定比例和各种社会资本的私募基金混合成立子基金。

第五种"混"法，在政府公共服务、基础设施类一些市场信号逐渐活跃起来的领域，要推动公共产品价格逐步实现市场化，为非公经济的进入创造条件，实现混合发展，即改善它的边界条件，使非公经济进入后不至于亏损。

（资料来源：《专访黄奇帆：重庆国资改革再出发》，财经新闻网，2014年1月21日。）

四、各类资本参与国有企业混合所有制改革

发展国有资本、集体资本、非公有资本等交叉持股、相互融合的混合所有制经济，有利于各种所有制资本取长补短、相互促进、共同发展。各种所有制资本交叉持股和相互融合，能够发挥国有资本的规模优势、技术优势和管理优势，发挥非国有资本的活力和创造力，促进国有企业完善法人治理结构、提高国有资本投资和运营效率，促进非国有资本平等使用生产要素、公平分享经营收益，促进各种所有制经济实现共同繁荣。《意见》提出，鼓励各类资本参与国有企业混合所有制改革。这里的"各类资本"，包括非公有资本、集体资本和外资。

（一）非公有资本

非公有资本的概念有广义和狭义之分。这里采用的是狭义的概念，主要是指国内的民间资本，包括民营企业的流动资产和家庭的金融资产。《意见》鼓励非公有资本参与国有企业混合所有制改革。非公有资本参与国有企业混合所有制改革有多种参与方式和多种出资方式。

1. 参与方式

（1）出资入股。出资入股，是指非公有资本直接向国有企业注资从而获得国有企业的股权，这是非公有经济参与国有企业混合所有制最为普遍和最直接的方式。非公有资本主体通过出资入股可以参与国有企业改制重组，也可以参与国有控股上市公司增资扩股，以及参与企业经营管理等。

（2）收购股权。收购股权，是指非公有资本收购国有企业的全部或部分股权。收购股权既可以是收购国有企业股东的股份，或收购国有企业发行在外的股份，也可以是向国有企业的股东发行收购方的股份，换取其持有的国有企业股份。非公有资本收购国有企业股权可以以获得的经营控制权参与企业经营管理为目的，也可以是看重国有企业的发展前景，以投资的方式获得预期收益为目的。

（3）认购可转债。认购可转债，是指非公有资本通过购买国有企业发行的可转换债券投资国有企业的一种方式。可转债是可转换公司债券的简称，是一种可以在特定时间、按特定条件转换为普通股票的特殊企业债券。可转债作为公司债的一种特殊形式，从投资风险的角度来看，它介于股票和债券之间。当投资者不确定市场未来走势和股票发行公司的发展前景时，可先投资于该公司可转债，待发行公司经营向好，前景乐观，其股票价格看涨时，则可将债券转换成股票，以获取比债券利息更多的股票分红派息回报。由此不难看出，可转债是兼具投机和投资的证券品种，非常适合风险承受力相对较弱的非公有经济主体。正是可转债的投机性决定了它同公司债相比较，其票面利息比公司债低、债性弱。

（4）股权置换。股权置换的目的通常在于引入战略投资者或合作伙伴，通常股权置换不涉及控股权的变更，国有资本与非国有资本通过股权置换实现交叉持股，以建立利益关联，建立混合所有制企业。股权置换在实践中有三种方式，即股权置换、股权置换＋现金或资产、现金或资产。

【典型案例】

浪潮齐鲁软件收购泰山旅游

齐鲁软件是浪潮集团的控股子公司，它作为浪潮的软件旗舰，也是我国首批四大国家级软件产业园——齐鲁软件园骨干企业之一。

泰山旅游是国家旅游局推荐的第一家上市公司，也是山东省上市的第一家旅游企业，是山东省旅游行业和泰安经济的支柱企业，资产质量好，获利能力强，是一个不可多得的优质壳资源。

齐鲁软件对"泰山旅游"的购并分为两个步骤：一是齐鲁软件与泰安国资局签订了部分国有股的转让协议，进行了股权转让，从而使齐鲁软件成为"泰山旅游"的第一大股东；二是进行资产重组，即将齐鲁软件的优质软件资产（通信事业部、系统集成部）转换装入泰山旅游，完成后，齐鲁软件拥有泰山旅游三条索道的所有权，泰山旅游的主要资产及业务则为软件的开发和生产。

全部收购活动完全结束后，在沪市挂牌的"泰山旅游"（600756）将更名为"齐鲁软件"，成功借壳上市。齐鲁软件将为股东带来持续的投资价值。

从以上案例可以看出，由公司原有股东以出让部分股权的代价或者是采取增发新股的方式使公司获得其他公司或股东的优质资产，优点在于不用支付现金即可获得优质资产，扩大企业规模。这种方式通常用于一方存在优质资产的情况下，而这部分优质资产可以迅速提高一方的生产能力和规模，而且不具有支付现金的财务风险。

（资料来源：http://news.chinabyte.com/148/1207148.shtml。）

2. 出资方式

《意见》提出，非公有资本投资主体可以货币出资，或以实物、股权、土地使用权等法律法规允许的方式出资，只要法律法规允许即可。

（1）货币出资。关于股东的出资形式，最普遍的莫过于货币出资，又称为现金出资。货币出资是指出资人认缴出资额或认购股份时，直接以法定货币单位出资取得公司股权的一种出资形式。货币出资是最简便的出资方式，对于国有企业来说，直接增加了其流动资金。而对于非公有经济主体来说，需要有雄厚的资金实力。

（2）实物出资。实物出资一般是指以机器设备、原料、零部件、货物、建筑物和厂房等作为出资。实物必须能以某种公平的方法评估折价，换算为现金，如不能换算为现金，则无法给付股份或确定其在资本总额中的比例。实物一般必须为公司经营所需的财产，符合所谓的有益性的要件。用实物代替现金出资，可以省去用现金再去购买该项公司所需要的实物的时间和成本。

（3）股权出资。股权出资也是非公有经济主体非货币财产出资的一种形式，是指非公有资本主体以其持有的其他公司的股权出资，投资于国有企业的行为。股权出资已经成为越来越普遍的出资形式，股权出资又不同于一般的股权转让行为，是一个以股权换股权的过程。

（4）土地使用权出资。土地使用权出资是指非公有资本投资主体以其享有的土地使用权作价出资。在我国，土地所有权归国家和集体所有，土地出资是以使用权出资而非所有权出资。但是，在以土地使用权出资时必须注意，只有国有土地使用权可以转让，而且只有以出让方式获得的国有土地使用权可以转让。因此，对于集体土地使用权只有先通过国家征用的途径变为国有土地，才能进一步以出让方式获得土地使用权进行投资。而以划拨方式获得的土地使用权也只有先向国家补交土地出证金后才能对外投资。

非公经济发展参差不齐，国有企业的发展情况也不尽相同，多种参与方式、多种出资方式有利于非公经济与国有企业对接，使非公经济有更多的机会参与国有企业混合所有制改革。

3. 不单独设置附加条件

企业国有产权或国有股权转让时，多个环节都可能影响交易的公平公正，其中受让资格条件设置尤为关键。以国有产权交易为例，已经出台的进场交易规范性文件对受让资格条件设置的规定都较为原则，仅限定在不得设置具有明确指向性或违反公平竞争内容等方面，这种宽泛的规定为交易参与各方留下了较大的操作空间。实际工作中也发现，一些项目中提出了较为苛刻的受让资格条件，甚至设置了明显有失公平公正的受让资格要求，主要是在对受让方资产规模、行业经验、偿债能力等方面设置过多、过高的要求，常常引起市场参与方的质疑，对进场交易制度本身、产权交易市场产生了一定的负面影响。

《意见》提出，企业国有产权或国有股权转让时，除国家另有规定外，一般不在意向受让人资质条件中对民间投资主体单独设置附加条件，充分体现了对各类投资主体的平等对待，有利于促进各类所有制经济平等竞争、共同发展。这为非公有资本参与混合所有制改革创造了便利条件，有利于提升改革效率。

（二）集体资本

集体资本主要是集体经济在长期发展过程中形成的，也是参与国有企业混合所有制改革的重要力量。《意见》提出，支持集体资本参与国有企业混合所有制改革。

·+·

【混改小百科】

集体经济

集体经济属于劳动群众集体所有、实行共同劳动、在分配方式上以按劳分配为主体的社会主义经济组织。在我国，集体经济是公有制经济的重要组成部分，分为农村集体经济与城镇集体经济。农村集体经济实行乡镇、行政村、村民小组的三级所有，土地、林木、水利设施等为集体所有，农民盖房的宅基地为无偿划拨。城镇集体经济又分为"大集体"与"小集体"，其中"大集体"企业受政府行业管理部门领导，参照全民所有制企业的管理与员工待遇；"小集体"为自负盈亏，自主经营。劳动者集体所有是指按劳动者的人数平均、共同所有。

·+·

1. 明晰产权

集体资本参与国有企业混合所有制改革首先要明晰产权，明确集体资本的所有人。但是由于历史的原因，集体经济目前面临的突出问题是产权主体不清、产权归属不明及产权界定困难。集体经济产权界定困难的主要原因是集体经济的来源比较复杂。以城镇集体经济为例，城镇集体经济的主要来源是集体企业，而集体企业的形成和集体企业资产的形成都比较复杂，使得集体经济产权的界定更加困难。

【混改小百科】

集体企业的形成渠道

——20世纪50年代公私合营发展起来的集体企业。

——由手工业合作社发展起来的集体企业。

——各级供销社由集体改国营，又由国营改集体的成建制转来的集体企业。

——国家与地方政府投资，以集体的名义注册的集体企业。

——由国家和地方政府承担贷款风险，靠银行贷款形成的集体企业。

——靠城镇居民劳动积累发展起来的集体企业。

——为安置待业青年和富余人员兴办的"厂办厂"型集体企业，如劳动服务公司等。

——为安置残疾人就业兴办的社会福利型集体企业。

——以勤工俭学名义兴办的各类校办工厂和其他集体企业。

（资料来源：《叶正茂关于集体企业的产权界定》，《浙江学刊》1999年2月。）

四、各类资本参与国有企业混合所有制改革

集体企业资产形成来源

——组建企业时个人投入的资金或实物，如手工业合作社、供销社社员股金等。

——公私合营时的私营财产。

——劳动积累形成的财产。

——国有企业划拨的少量资产逐步地发展起来的集体企业资产，如"厂办厂"资产、劳动服务公司资产等。

——靠国家或地方政府各有关部门投入形成的资产，或者提供贷款担保，即担保贷款风险而发展起来的企业资产。

——国家给予减免税照顾，允许税前还贷形成的资产等。

——职工个人借贷性和投资性出资。

——社会集资等。

（资料来源：《叶正茂关于集体企业的产权界定》，《浙江学刊》1999 年 2 月。）

—·—

2. 参与方式

集体资本参与国有企业混合所有制改革必须确权，经确权认定的集体资本、资产和其他生产要素作价入股，才可以参与国有企业混合所有制改革。集体资本参与国有企业混合所有制改革的方式很多，比如出资入股、收购股权、认购可转债、股权置换等。

【典型案例】

浙江农村集体经济产权制度改革

在改革性质上，坚持集体所有制不变，量化的社员的股权只作为股东享受集体经济收益分配的依据，其所有权仍属股份经济合作社集体所有。

在股权设置上，根据集体资产的来源和贡献大小分设人口股、劳动贡献股，而劳动贡献股一般又根据劳动力工作年限按实计算为农龄股。

在资产量化上，主要对村经济合作社全部或部分经营性净资产进行量化，公益性资产原则上不列入折股范围，改革后，因土地征用等由集体经济组织所得的土地补偿费和集体资产置换增值部分，追加到总股本中，相应增加每股股值。

在股权管理上，一般实行静态管理，改革后股权不随人口增减而变化，允许股权继承和在集体经济组织内部转让，但不得退股提现和抵押。

在组织设置上，将村经济合作社名称变更为村股份经济合作社，县级人民政府发给农村集体经济组织证明书，内部选举产生股东代表大会、董事会、监事会，对村股份经济合作社行使决策权、管理权、监督权。

在收益分配上，优先保障村级组织运转、村内公益事业支出后，对社员实行按股分红。

（资料来源：沈应仙《关于推进浙江农村集体经济产权制度改革的思考》，《中国农业会计》2014 年第 9 期。）

（三）外资

外资，即国外资本，包括港澳台地区的资本。从总体来看，外资对我国经济既有积极作用，也有不容忽视的消极影响。《意见》提出有序吸收外资参与国有企业混合所有制改革，就是要提高国有企业利用外资的质量和水平。

【典型案例】

外资并购对国有品牌产生打压——以南孚电池兼并案为例

20世纪90年代，由于中国传呼机行业的高速发展，南孚迎来了发展的黄金时期。1999年，在南平市政府招商引资的要求下，南孚与中国国际金融公司合资。该公司下属鼎晖公司联合荷兰国家投资银行、摩根士丹利、新加坡政府投资公司，一起与中方上述股东在香港组建中国电池有限公司。其中，外方持股49%，中方持股51%，新成立的中国电池有限公司掌握了南孚的绝对控股权。

1999年年底，华润集团百孚公司由于经营不善造成巨额亏损，被迫向摩根士丹利出让了中国电池有限公司8.25%的股份，并将另外20%的股份转让给了基地建设福建分公司。2001年，基地福建分公司将此20%的股份以7800万元人民币的价格转让给了富邦控股公司，之后又被其以1500万美元的价格转让给摩根士丹利。2002年，南孚在香港上市计划破产，南平市政府将持有的中国电池有限公司的全部股权以1000万美元转让给外资股东。至此，中国电池有限公司的72%股权已经掌握在外方手中。

数轮转让之后，摩根士丹利、鼎晖、新加坡投资等外资以4200万美元的代价拥有了南孚72%的股权。2003年，外资股东以1亿美元的价格，将所持的中国电池72%的股份出售给美国吉列公司。2003年8月11日，美国吉列公司宣布，已经买下南孚电池的多数股权，南孚成为了其子公司，从此，吉列在中国的最大竞争对手消失了。

（资料来源：http://finance.sina.com.cn/review/observe/20051024/11022058485.shtml。）

---

1. 参与方式

（1）"引进来"。国有企业可以通过改制重组、合资合作的方式把外资"引进来"，参与国有企业混合所有制改革。

改制重组。改制重组包括整体改制和部分改制。整体改制是指以企业全部资产为基础，通过资产重组，整体改建为符合现代企业制度要求的、规范的企业。部分改制是指企业以部分资产进行重组，通过吸收其他股东的投资或转让部分股权设立新的企业，原企业继续保留。外资既可以参与国有企业整体改制，也可以参与国有企业部分改制。

合资合作。合资合作也是国有企业引入外资的重要方式。通过合资合作，外资能够顺利进入更多的行业和领域，国有企业则可以充分利用国际市场、资金、技术、人才等资源和要素。

【典型案例】

两岸企业合作实现优势互补、共赢发展

2010 年 9 月 29 日，东风汽车公司董事长徐平和台湾裕隆企业集团董事长严凯泰代表合资双方在合同上签字，标志着东风汽车公司与台湾裕隆企业集团关于东风裕隆项目的合资合同正式签订。

东风汽车公司和裕隆大陆投资有限公司各出资 7.75 亿元人民币，双方各持股 50%；项目建设地点为杭州萧山临江工业园区；产品涵盖运动型乘用车、多功能乘用车、轿车及纯电动汽车产品；将致力于发展高端自主品牌汽车事业；合资双方共同注册和拥有"纳智捷"大中华品牌；2011 年年中第一个平台的产品可望正式批量投产和投放市场。

（资料来源：http：//auto.qq.com/a/20100929/000230.htm。）

（2）"走出去"。国有企业也可以通过海外并购、投融资合作、离岸金融等方式"走出去"，充分利用国际市场、技术、人才等资源和要素。

投融资合作中的境外投融资是国有企业深度融入世界经济，充分利用国际市场、技术人才等资源和要素的重要方式，尽管近些年国有企业海外投融资发展较快，但是整体规模依然很小。海外投融资包括对外直接投资、对外间接投资和对外融资。境外投资是指投资主体通过投入货币、有价证券、实物、知识产权或技术、股权、债权等资产和权益或提供担保，获得境外所有权、经营管理权及其他相关权益的活动。境外融资是指通过

资本市场和货币市场为企业筹集资金的行为与过程，这其中的离岸金融业是一种重要的方式。

【混改小百科】

离岸金融

离岸金融是指设在某国境内但与该国金融制度无甚联系，且不受该国金融法规管制的金融机构所进行的资金融通活动。

海外并购

海外并购。并购的内涵非常广泛，一般是指兼并和收购。兼并又称吸收合并，是指两家或者更多的独立企业、公司合并组成一家企业，通常由一家占优势的公司吸收一家或者多家公司。收购是指一家企业用现金或者有价证券购买另一家企业的股票或者资产，以获得对该企业的全部资产或者某项资产的所有权，或对该企业的控制权。海外并购是指在海外进行的并购。从性质上讲，海外并购属于对外直接投资的一种方式，但是是以并购方式进行的对外直接投资。

【新闻链接】

光明食品集团近年频频出海并购

作为老牌国资企业，光明食品集团近年来频频"出海"寻求并购机会。2010 年，光明收购新西兰新莱特乳业 51% 股权，并于 2014 年在新西兰单独成功上市；2011 年 9 月，光明收购澳洲品牌企业玛纳森食品公司 75% 股权；2012 年，光明收购法国波尔多葡萄酒出口商 Diva 公司 70% 股权，同年，其又联合一家基金，宣布以 70 亿元人民币完成对英国最大早餐谷物"维多麦"公司 60% 股份的并购。通过海外并购，光明食品集团获得了企业发展所需的海外资源、销售渠道与关键技术。

【典型案例】

国家电网公司成功收购葡萄牙国家能源网公司 25% 股份

2012 年 2 月 2 日，葡萄牙政府正式宣布中国国家电网公司中标葡萄牙国家能源网公司股权私有化项目。在本次收购中，国家电网公司出资约 3.87 亿欧元收购葡萄牙国家能源网公司 25% 股份，并购后派出高级管理人员参与葡萄牙国家能源网公司的经营管理。国家电网公司作为战略投资者，谋求与葡方长期稳定合作，积极履行股东职责，通过发挥在电网规划、建设、运行、管理方面的综合优势，提高葡萄牙国家电网运营水平，促进地区经济发展，努力成为欧洲中资企业的典范，树立中国公司在海外的良好形象。

（资料来源：国家电网公司网站，http://www.sgcc.com.cn/gjhz/gjjlyhz/266061.shtml。）

2. 安全审查机制

对外资进行国家安全审查也是国际通行做法。美国早在 20 世纪七八十年代就确立了外国投资委员会安全审查机制，并于 2007 年出台了《外国投资与国家安全审查法》。除了美国之外，其他的很多国家都有关于安全审查的法律规范，不论这些国家实行的是哪种经济模式，也不论这些国家处于何种发展阶段，均会对涉及国家安全的外资并购予以限制。总的趋势是，对外资并购的限制更严格，这似乎是在全球一体化的经济发展态势下，各个国家为了自身利益的应急反应。

中国在引进外商投资的过程中，一直有"重引进轻管理、重优惠轻规制"的倾向。对影响和可能影响国家安全的吸收外资项目，以及涉及敏感的投资主体、并购对象、行业、技术、地域的外商投资，在进行安全审查和监管等方面还不到位。进一步完善外商投资国家安全审查机制，是建设开放型强国和对外开放新体制的必要保障。

·+·

【典型案例】

中国企业跨国并购遭遇国家安全审查——中海油竞购美国优尼科

2005 年 1 月，美国加利福尼亚州的优尼科石油公司（以下简称优尼科）被挂牌出售，中国海洋石油有限公司（以下简称中海油）表示了 130 亿美元的收购意向。4 月，美国雪佛龙公司宣布将以总价 180 亿美元的现金加股票加债务承担方案，收购优尼科。6 月 23 日，中海油宣布以 185 亿美元现金标购，正式向优尼科提出收购要约。这一公告在业内激起振荡，并在美国引起激烈争议。美国国会于 6 月 30 日决议，认定中海油的收购计划可能威胁国家安全利益，要求外国投资委员会对该计划进行全面审核。审核程序的一再拖延，显然成为优尼科董事会接受雪佛龙较低标价的决定因素。7 月 19 日，雪佛龙提高报价，得到优尼科的接受，而中海油维持原报价但仍高于雪佛龙。结果，雪佛龙以总值 170 亿美元的现金和股份为对价成功收购优尼科。美国对于中海油的审查持续了 141 天，比"埃克森—弗罗里奥"条款确定的 90 天的审查时限还长 51 天，这使得中海油的并购成本大大上升。由于中海油认为无法克服"史无前例"的巨大政治压力，故而决定撤回竞购。

四、各类资本参与国有企业混合所有制改革

凯雷并购徐工案

2005 年 10 月 25 日，国际著名私人股权投资基金——美国凯雷投资集团宣布，其将通过全资子公司凯雷徐工机械实业有限公司（以下简称凯雷徐工）以 2.55 亿美元（约合 20 亿人民币）购买徐州工程机械集团有限公司（以下简称徐工集团）持有的 82.11% 的徐工集团工程机械有限公司（以下简称"徐工机械"）股权。同时签订对赌协议，徐工机械在现有注册资本人民币 12.53 亿元的基础上，增资人民币 2.42 亿元，全部由凯雷徐工认购，凯雷徐工在交易完成的当期支付 0.6 亿美元；如果徐工机械 2006 年的经常性 EBITDA 达到约定目标，凯雷徐工还将另外支付 0.6 亿美元，总额为 1.2 亿美元。上述股权转让及增资完成后，凯雷徐工将拥有徐工机械 85% 的股权，徐工集团仍持有徐工机械 15% 的股权。收购完成后的徐工机械将变更为中外合资企业，投资总额为 42 亿元人民币。公司董事会由 9 名董事组成，6 名董事来自凯雷徐工，2 名董事由徐工集团派出，1 名董事由总经理担任，任期 4 年。另外，根据徐州市政府的要求，凯雷集团作出"保留品牌、在中国注册、核心管理团队和职工队伍基本稳定"等承诺。在此方案未获管理层批复的情况下，有意参与徐工机械并已经改制重组的三一重工集团执行总裁向文波于 2006 年 6 月在其博客上发表文章，声称凯雷收购徐工会在工程机械制造业造成垄断，威胁国家产业安全，并提出在此案中是否存在国有资产被贱卖的质疑。向文波表示，在全盘接受凯雷收购徐工机械方案的基础上，三一重工愿意以高出凯雷 30% 的价格收购徐工机械，但这一方案没有得到徐工的认同。向文波的文章在全国范围内引起轩然大波，对凯雷收购徐工是

否威胁国家经济安全的质疑声铺天盖地，迫于巨大的舆论压力，凯雷被迫暂停收购徐工机械。2006年10月16日，徐工机械和凯雷再次签署《股权买卖及股本认购协议》的修订协议，作出五项重大调整：（1）收购比例降至50%；（2）收购价格有所提高；（3）取消对赌协议；（4）董事会成员双方各占半，董事长由中方担任；（5）保留惩罚性条款和毒丸计划。新方案在获得江苏省和徐州市政府有关部门的基本认可与国资委的批复的情况下，仍然未能获得商务部的最终审批。2007年3月16日，徐工集团、凯雷徐工、徐工机械又一次签署《股权买卖及股本认购协议》的修订协议，同日，徐工集团、凯雷徐工签署了《合资合同》的修订协议。根据新协议，徐工集团持有徐工机械55%的股权，而凯雷集团持有徐工机械45%的股权。协议中还包括："合资公司董事会将由9名成员组成，其中中方5名，外方4名，董事长由徐工集团担任、合资企业继续保持徐工品牌，并帮助合资企业引进发动机、载重车底盘等新项目。"至此，凯雷徐工一案以凯雷集团彻底放弃控股权而宣告进入结案阶段。

+·+

（1）国家安全审查政策和法规。2011年2月3日，国务院办公厅颁布了《关于建立外国投资者并购境内企业安全审查制度的通知》，标志着我国外资并购国家安全审查机制的初步确立。同年，商务部出台了《实施外国投资者并购境内企业安全审查制度有关事项的暂行规定》，结束了我国外资并购国家安全审查制度空缺的时代。但是，国家安全审查制度存在效力层级低、制度不完善等缺陷。在2015年1月19日，商务部就《中华人民共和国外国投资法（草案征求意见稿）》（以下简称《征求意见稿》）已经公开向社会征求意见，《征求意见稿》设专章规定了外国投资国家安全审查制度，进一步完善了国家安全审查的审查因素、审查程序，明确了为消除国家安全隐患可采取的措施等内容，并规定国家安全审查决定不得提起行政复议和行政诉讼。2015 年 4 月 8 日，国务院办公厅印发《自由贸易试验区外商投资国家安全审查试行办法》，决定在上海、广东、天津、福建 4 个自由贸易试验区实施，标志着外商投资国家安全审查已经进入试点实践阶段。

【政策直通车】

总原则是，对影响或可能影响国家安全、国家安全保障能力，涉及敏感投资主体、敏感并购对象、敏感行业、敏感技术、敏感地域的外商投资进行安全审查。

安全审查范围为：外国投资者在自贸试验区内投资军工、军工配套和其他关系国防安全的领域，以及重点、敏感军事设施周边地域；外国投资者在自贸试验区内投资关系国家安全的重要农产品、重要能源和资源、重要基础设施、重要运输服务、重要文化、重要信息技术产品和服务、关键技术、重大装备制造等领域，并取得所投资企业的实际控制权。（《自由贸易试验区外商投资国家安全审查试行办法》）

（2）审查机关。国家安全审查涉及诸多产业或者行业，还会涉及多方面、多层次的专业信息，所以各国都规定由多个政府部门和机构组成联合办事机构以合作进行国家安全审查。《征求意见稿》建议国务院建立外国投资国家安全审查部际联席会议（以下简称联席会议），承担外国投资国家安全审查的职责。国务院发展改革部门和国务院外国投资主管部门共同担任联席会议的召集单位，会同外国投资所涉及的相关部门具体实施外国投资国家安全审查。

（3）审查标准。国家安全审查标准的确定，应进行综合考量，要立足于我国还是一个发展中国家，并考虑当前的经济模式、产业结构、产业竞争力、国际关系以及将来的发展前景等因素，平衡吸引外资和维护国家安全之间的关系，在制度设计上，坚持可操作性和灵活性。

【资料链接】

对外国投资进行国家安全审查应当考虑的因素

（一）对国防安全，包括对国防需要的国内产品生产能力、国内服务提供能力和有关设备设施的影响，对重点、敏感国防设施安全的影响；

（二）对涉及国家安全关键技术研发能力的影响；

（三）对涉及国家安全领域的我国技术领先地位的影响；

（四）对受进出口管制的两用物项和技术扩散的影响；

（五）对我国关键基础设施和关键技术的影响；

（六）对我国信息和网络安全的影响；

（七）对我国在能源、粮食和其他关键资源方面长期需求的影响；

（八）外国投资事项是否受外国政府控制；

（九）对国家经济稳定运行的影响；

（十）对社会公共利益和公共秩序的影响；

（十一）联席会议认为应当考虑的其他因素。

（资料来源：《中华人民共和国外国投资法（草案征求意见稿）》，2015年1月19日发布。）

（4）审查程序。国家安全审查，分为一般性审查阶段和特别审查阶段。《征求意见稿》规定经过一般性审查后，如联席会议认为外国投资不危害国家安全的，应形成审查意见，并书面通知国务院外国投资主管部门，一般性审查30个工作日内完成；认为外国投资可能存在危害国家安全风险的，应决定进行特别审查，并书面通知国务院外国投资主管部门，特别审查60个工作日内完成。

【他山之石】

国外外资并购国家安全审查制度的主要特征

	审查目标	独立审查程序	明确审查参考因素	审查时间	明确具体行业	控制权门槛	申报者抗辩权
美国	国家安全	是	是	90天	否	无	无
加拿大	国家安全	是	否	85天	否	无	无
澳大利亚	国家利益	否	是	40天（可额外延长90天）	否	有	无
英国	公共利益	否	是	6个月	否	无	有
德国	公共秩序与公共安全	是	否	2个月	否	有	有
法国	国家利益	是	是	2个月	是	有	有
奥地利	公共安全与秩序	是	否	1或3个月	是	有	有
芬兰	关键国家利益	是	否	3个月	否	有	有
日本	国家安全	是	是	3个月（可延长至5个月）	是	有	有
俄罗斯	国防与国家安全	是	是	3个月（可延长至6个月）	是	有	有

（资料来源：常蕊：《外资并购国家安全审查制度：国际经验与启示》，《国际经济合作》2015年第4期。）

（四）PPP 模式与混合所有制改革

PPP 是一种涉及基础设施和公用事业投资、建设与运营的制度安排，由公共部门和私人部门基于各自优势，共同提供服务、获得收益、分担风险。简单来讲，就是政府联合社会资本共同实施项目投资建设。通过开展合作，私人部门提供资金和运营，减轻政府财政预算压力和经营风险，公共部门提供政策服务、公共资产或资金支持，进而降低投资者面临的政策和市场环境等风险，吸引私人投资。因其能有效发挥公私双方的优势并合理分担风险，PPP 模式早在 20 世纪 90 年代就被许多发达国家采用，当前欧美日等发达国家已经建立起较为成熟的相关机制。2014 年以来，PPP 模式在我国得到加速推广。

【深度解读】

PPP 模式在我国加速推广

早在 20 世纪 80 年代中期，PPP 模式就被引入国内。广东的探索实践开启了国内 PPP 模式先河。深圳沙角 B 电厂、白天鹅宾馆，都是国内早期运用 PPP 模式，实现政府与社会资本互惠合作的成功典范。2014 年，国务院有关部门先后出台《政府和社会资本合作模式操作指南（试行）》、30 个 PPP 示范项目清单以及《关于开展政府和社会资本合作的指导意见》，四川、湖南、江苏、河北、河南、福建等省份还出台了专门文件。2015 年，国务院办公厅又批转了《关于在公共服务领域推广政府和社会资本合作模式的指导意见》，国家发改委公布 PPP 项目库，许多省份也陆续公布了 PPP 推介项目。至此，PPP 模式在我国的应用进入新阶段，2015 年也成为各级政府和社会资本合作的元年。

1. 优化政府投资方式

推广 PPP 模式，关键是要优化政府的投资方式。PPP 不是政府甩包袱、丢责任，而是发挥公私双方优势，实现合作共赢。可以通过发布一批优质项目吸引社会资本参与合作，组建负责项目建设、运营的专门公司，促成国有资本与其他性质社会资本加强股权合作。同时，注重引入长期投资者，为各类社会资本开展 PPP 合作提供充分支持。

《意见》明确提出了四种政府投资方式。其中，投资补助即对社会资本的投入进行直接补助。按照中央预算内投资一次性补助、地方政府或项目业主单位承担余额部分的方式对 PPP 项目前期工作给予专项补助。为了加强对补助资金申请和使用的管理与监督，国家发展和改革委员会专门出台《政府和社会资本合作项目前期工作专项补助资金管理暂行办法》，确保资金补助规范合理使用。注资即通过财政资金、建立投资引导基金或联合产业投资基金，以撬动更大规模的社会资本投资 PPP 项目。资金还可以来自国有银行、国际金融机构相关基金。政府可以通过委托国有投资机构筹备投资基金，在基金管理机构注册登记后可以按照私募相关方式吸引工商企业、投资机构、社保基金等机构投资者参与。担保补贴即政府对 PPP 项目提供相关担保，通过建立相应的风险补偿机制，利用担保、再担保为项目获得更多贷款和增信提供支持。贷款贴息即政府对 PPP 项目的贷款实施贴息政策，以降低 PPP 项目的融资成本。贴息资金来自 PPP 相关项目的专项资金，财政部门可以就具体贷款余额、贴息率、贴息期限进行确定。与以往政府彻底包干的投资方式不同，这些方式更加市场化、长期化，对于降低项目运营成本和风险大有裨益。各地还可以根据《意见》精神，探索更多有利于项目合作、提升效果的各类投资方式。

【政策直通车】

优化政府投资方式，通过投资补助、基金注资、担保补贴、贷款贴息等，优先支持引入社会资本的项目。

组合引入保险资金、社保基金等长期投资者参与国家重点工程投资。（《关于国有企业发展混合所有制经济的意见》）

PPP 模式离不开付费。通常而言，社会资本参与基础设施建设是为了赢利，因此政府补贴与付费或者用户付费是必要的，这就涉及如何收费、收费多少、收多少年、收费标准如何调整等一系列权责利的问题。要解决好这些问题，就需要建好机制，既要严格按照《政府和社会资本合作模式操作指南》做好事前的相关约定，又要以项目运营绩效评价结果为依据，适时对价格和补贴政策进行调整。

【资料链接】

树立平等协商的理念，按照权责对等原则合理分配项目风险，按照激励相容原则科学设计合同条款，明确项目的产出说明和绩效要求、收益回报机制、退出安排、应急和临时接管预案等关键环节，实现责权利对等。引入价格和补贴动态调整机制，充分考虑社会资本获得合理收益。如单方面构成违约的，违约方应当给予对方相应赔偿。建立投资、补贴与价格的协同机制，为社会资本获得合理回报创造条件。

（资料来源：《关于在公共服务领域推广政府和社会资本合作模式的指导意见》。）

【混改小百科】

什么是使用者付费与政府付费

使用者付费，是指由最终消费用户直接付费购买公共产品和服务。政府付费，是指政府直接付费购买公共产品和服务，主要包括可用性付费、使用量付费和绩效付费。

要使 PPP 模式优于传统政府直接提供服务或财政出资方式，关键是要守住服务有保障、经营可盈利、群众可承担、总体可持续的底线，既要坚决防止建设方降低服务质量，随意提高价格，同时也要保障建设方的项目具有稳定的市场需求，实现合适的盈利目标。要考虑到人民群众对产品与服务成本的承受能力，通过协调好四组关系，确保实现多方共赢。

【专家视点】

国家发展和改革委经济研究所副所长孙学工：
做好 PPP 项目要协调好四组关系

做好 PPP 项目，关键要处理好财政的可负担性、公共资金的物有所值、社会资本的合理回报和公众的可承受性这四组关系。财政的可负担性大体框定了公共产品提供的范围，物有所值决定了公共部门提供公共产品的方式，合理回报则决定了社会资本的参与度，公众的可承受性反映了公众付费意愿，既代表公众对特定公共产品的需求，也反映社会公平的要求。PPP项目需要在以上四个约束下开展，才能取得多赢、共赢的效果。

2. 社会资本多领域参与

PPP模式主要应用于基础设施、公用事业、公共服务等领域，如能源、交通、水利、环保、市政工程、农业、林业、教育、医疗、养老等。因为这些领域大都具有较强的外部性，涉及公共利益，若完全由私人投资主导可能存在前期投资不足、产品定价过高、服务质量无法保证等问题。在我国，这些领域长期由国有企业经营，国有企业的数量和体量在不断增大。国有企业虽然保证了前期投资的相对充足与产品定价的基本稳定，但生产效率较低、亏损企业增多、服务质量不高等问题突出，使公共财政负担大幅加重。

【资料链接】

国家发展和改革委公布PPP项目库

2015年5月，国家发展和改革委在门户网站开辟PPP项目库专栏，公开发布政府和社会资本合作（PPP）推介项目。首批发布的项目共计1043个，总投资1.97万亿元。项目范围涵盖水利设施、市政设施、交通设施、公共服务、资源环境等多个领域。所有项目都已明确项目所在地、所属行业、建设内容及规模、政府参与方式、拟采用的PPP模式、责任人及联系方式等信息，社会资本可积极联系参与。

已经公布的PPP项目案例包括：北京地铁4号线项目；大理市生活垃圾处置城乡一体化系统工程；固安工业园区新型城镇化项目；合肥市王小郢污水处理厂资产权益转让项目；江西峡江水利枢纽工程项目；酒泉市城区热电联产集中供热项目；陕西南沟门水利枢纽工程项目；深圳大运中心项目；苏州市吴中静脉园垃圾焚烧发电项目；天津市北水业公司部分股权转让项目；渭南市天然气利用工程项目；张家界市杨家溪污水处理厂项目；重庆涪陵至丰都高速公路项目。

+·+

《意见》明确提出，鼓励社会资本投资或参股基础设施、公用事业、公共服务等领域项目，这为利用PPP模式推进国有企业混合所有制改革创造了积极条件。与国企混改的其他方式不同，PPP模式通常是针对某一项目设立一个专门公司，在该公司内实现国有资本与社会资本混合。由于以吸引社会资本为优先，国有资本一般不会追求绝对控股，这有利于避免国有股"一股独大"，增加社会资本话语权。在混合所有制企业中，可以促进各类资本优势互补，既凸显国有资本的实力优势和带动作用，又发挥其他非国有资本的灵活性。让非国有资本拥有更大的话语权，更有利于形成以市场为导向的公司治理机制。

3. 更好利用PPP模式推进国企混改

增加优质项目储备。优质项目储备应体现"物有所值"原则，以吸引国有企业和其他企业组团与政府开展PPP模式合作。目前各地公布了具有庞大投资总量的项目，但部分地区也出现了项目落地难、少人问津的尴尬现象。项目的吸引力不够是关键原因，一些项目周期过长、数量过多、体量过大，市场前景并不被看好，项目的可盈利性也备受质疑。加上有些地方政府政策连续性不强，不时出现朝令夕改、不诚信、不作为的情况，难免令社会资本望而生畏。

—·—

【混改小百科】

什么是"物有所值"

物有所值（Value for Money，VFM），是指一个组织运用其可利用资源所能获得的长期最大利益。VFM 评价是国际上普遍采用的一种评价传统上由政府提供的公共产品和服务是否可运用政府和社会资本合作模式的评估体系，旨在实现公共资源配置利用效率最优化。根据规定，在社会资本发起阶段，财政部门（政府和社会资本合作中心）会同行业主管部门，从定性和定量两方面开展物有所值评价工作。

—·—

加强信息公开服务。由于应用 PPP 模式的项目大多具有公共性，因此必须实行阳光化运作，依法充分披露政府和社会资本合作项目重要信息，保障公众知情权，对参与各方形成有效监督和约束。政府要积极履行规划指导、识别评估、咨询服务、宣传培训、绩效评价、信息统计、专家库和项目库建设等职责。建好、用好综合信息服务平台，及时向社会公开项目实施情况等相关信息，确保项目实施公开透明、有序推进。

五、国有资本入股非国有企业

混合所有制改革不仅仅是非国有资本参与国有企业改革、改制与重组的过程，也是民营资本引进国有资本，国有资本参与非国有企业改革、改制与重组双向混合的过程。简言之，它是不同所有制资本相互融合、优势互补、共同发展的过程。

（一）投资领域

【政策直通车】

在公共服务、高新技术、生态环境保护和战略性产业等重点领域，以市场选择为前提，以资本为纽带，充分发挥国有资本投资、运营公司的资本运作平台作用，对发展潜力大、成长性强的非国有企业进行股权投资。（《关于国有企业发展混合所有制经济的意见》）

公共服务、高新技术、生态环境保护和战略性新兴产业等是关系国计民生的重要领域，不仅是国有资本投资的重点领域，也是政府应积极鼓励各种非国有资本参与投资的重要领域。通过发展混合所有制经济，推动和促进国有资本和非国有资本在这些领域进行合作，发挥互补优势，实现共赢发展。

1. 公共服务领域

国有资本投资公共服务领域的首要目标是保障公共产品、公共服务供给，提高公共服务质量，满足公众的需求。与此同时，国有资本也应积极与非国有资本合作，引导和鼓励非国有资本积极投资公共服务领域。党的十八届三中全会要求，"消除各种隐性壁垒，制定非公有制企业进入特许经营领域具体办法"；国务院办公厅转发财政部、国家发展改革委、人民银行《关于在公共服务领域推广政府和社会资本合作模式的指导意见》也明确提出，在能源、交通运输、水利、环境保护、农业、林业、科技、保障性安居工程、医疗、卫生、养老、教育、文化等公共服务领域，广泛采用政府和社会资本合作模式。社会资本就包括国有资本与非国有资本。因此，在公共服务领域，国有资本可以通过投资入股、联合投资或共同发起设立 PPP 产业基金等模式实现与非国有资本合作，共同投资公共服务产业，以发挥混合所有制经济在公共服务领域的优势，造福民生。

【资料链接】

国有资本投资运营要服务于国家战略目标，更多投向关系国家安全、国民经济命脉的重要行业和关键领域，重点提供公共服务、发展重要前瞻性战略性产业、保护生态环境、支持科技进步、保障国家安全。(《中央中央关于全面深化改革若干重大问题的决定》)

2. 高新技术产业

我国经济发展要实现创新驱动，实现"中国制造"向"中国智造"乃至"中国创造"的转变，就必须大力发展高新技术产业。发展高新技术产业需要不同所有制资本共同合作参与，实现相互融合，优势互补。

【混改小百科】

什么是高新技术产业

高新技术产业是指那些知识、技术含量高，具有高附加值和高效益的产业。按照国务院批准的《国家高新技术产业开发区高新技术企业认定条件和办法》的规定，高新技术是指：(1) 微电子科学和电子信息技术；(2) 空间科学和航空航天技术；(3) 光电子科学和光机电一体化技术；(4) 生命科学和生物工程技术；(5) 材料科学和新材料技术；(6) 能源科学和新能源、高效节能技术；(7) 生态科学和环境保护技术；(8) 地球科学和海洋工程技术；(9) 基本物质科学和辐射技术；(10) 医药科学和生物医学工程；(11) 其他在传统产业基础上应用的新工艺、新技术。

高新技术代表了先进生产力，高新技术产业则代表新的经济增长点。国有资本应在引导和支持创新方面发挥先导作用，投资高新技术产业领域的非国有企业就是发挥其引导力的一种重要手段。在许多高新技术领域，创新的主体通常是非国有中小微企业，它们比大型国有企业更具创新活力，但它们迫切需要得到资本、管理、设施以及开放的市场等各方面的支持。国有资本投资入股高新技术产业非国有企业，就可以把国有资本在这方面的优势和非国有企业的创新活力有机结合，相得益彰。

3. 生态环保产业

【混改小百科】

什么是生态环保产业

生态环保产业是国民经济结构中以防治环境污染、改善生态环境、保护自然资源为目的所进行的技术开发、产品生产、商业流通、资源利用、信息服务、工程承包等活动的总称，主要包括环境保护机械设备制造、自然保护开发经营、环境工程建设、环境保护服务等方面。

发展生态环保产业，关系国家生态安全，关系经济是否能持续发展，关系每个人及子孙后代的福祉。中共中央、国务院印发的《生态文明体制改革总体方案》就提出："树立绿水青山就是金山银山的理念，清新空气、清洁水源、美丽山川、肥沃土地、生物多样性是人类生存必需的生态环境，坚持发展是第一要务，必须保护森林、草原、河流、湖泊、湿地、海洋等自然生态。"该方案明确要求："组建或改组设立国有资本投资运营公司，推动国有资本加大对环境治理和生态保护等方面的投入。支持生态环境保护领域国有企业实行混合所有制改革。"国务院《关于加快发展节能环保产业的意见》也提出，要把节能环保产业发展"成为国民经济新的支柱产业"。生态环保产业也属于知识、技术密集型产业，非国有企业是这个产业领域的重要生力军，但非国有企业大多都是中小微企业，需要国有资本在资金、技术集成等各方面提供支持，以实现优势互补、共同发展，做强、做大中国的生态环保产业，在实现经济可持续发展的同时，维护国家的生态安全。

4. 战略性新兴产业

发展战略性新兴产业是建设小康社会、实现可持续发展的必然选择，是促进资源节约型和环境友好型社会建设、推进产业结构升级、加快经济发展方式转变的重大举措，是构建国际竞争新优势、掌握发展主动权的迫切需要。2010 年，《国务院关于加快培育和发展战略性新兴产业的决定》（以下简称《决定》）指出："战略性新兴产业是引导未来经济社会发展的重要力量。发展战略性新兴产业已成为世界主要国家抢占新一轮经济和科技发展制高点的重大战略。"《决定》将节能环保产业、新一代信息技术产业、生物产业、高端装备制造业、新能源产业、新材料产业、新能源汽车产业归入战略性新兴产业。战略性新兴产业通常属于高风险、资本密集型的行业，在这些行业领域，非国有企业创新的活力往往受到资金"瓶颈"的制约，"融资难""融资贵"是制约战略性新兴产业发展的一个老大难问题。具有雄厚资金优势的国有资本应当肩负起发展和推动、促进这些产业发展的使命。加大对这些领域的投资并不仅仅是基于投资收益最大化的考虑，更重要的是基于国家战略目标的追求。因此，国有资本不仅自己要投，而且应积极投资于这些领域的非国有企业。《国务院关于大力推进大众创业万众创新若干政策措施的意见》就明确提出，引导和鼓励中央企业和其他国有企业以参与新兴产业创业投资基金、设立国有资本创业投资基金等形式，投资高新和战略性新兴产业。

【资料链接】

研究制定鼓励国有资本参与创业投资的系统性政策措施，完善国有创业投资机构激励约束机制、监督管理机制。引导和鼓励中央企业和其他国有企业参与新兴产业创业投资基金、设立国有资本创业投资基金等，充分发挥国有资本在创业创新中的作用。研究完善国有创业投资机构国有股转持豁免政策。(《国务院关于大力推进大众创业万众创新若干政策措施的意见》)

【专家视点】

郑新立：将产能过剩行业国有资本投入到战略性新兴产业

对国有企业的管理从管资产为主向管资本为主转变，有利于优化国有资本配置，落实国家发展战略和产业政策。对于产能过剩行业，国有资产管理机构可抽出一部分资金，投入到急需发展的战略性新兴产业、供给不足的行业，从而促进经济转型升级，加快经济发展方式转变，提高宏观经济效益。

(资料来源：郑新立《进一步深化国有企业改革》，http：//www. sasac. gov. cn/n1180/n1271/n20515/n2697175/16165789. html。)

【典型案例】

重庆市国有资本入股京东方

京东方是世界第五大液晶面板制造商，位列三星、LG Display、友达光电、奇美之后。2014 年，京东方智能手机和平板电脑LCD 显示屏市场占有率位居全球第一，已经稳居中国液晶面板产业的龙头地位。液晶面板行业是重庆市政府确定的十大战略性新兴产业之一。京东方第 8.5 代新兴半导体显示器及系统项目产品若在重庆投产对于重庆万亿级电子信息产业发展至关重要，该项目投产，将聚集一大批上下游企业，形成一个千亿级产业链。黄奇帆在一次会议上对重庆市政府国有资本投资该项目的前因后果作了如下评价和阐释：

"去年（2013 年，笔者注），我们有一件事做得很成功，就是京东方定向增发。京东方作为中国最优秀的液晶面板类公司之一，在世界生产能力排名第五，生产的产品供不应求。中国一年要进口液晶面板 1800 亿美元，看准这个方向，就要有勇气投资，效益一定会好的，所以我们请他来投资。京东方想投资，愿意占据这个市场，也有这个技术，但是缺钱，拿不出 330 亿。我们当然不能说你拿不出，我帮你拿，但可以买你的股票，你定向增发 100 亿股，按市场价 2.1 块一股卖给我，你得到 210 亿，再向银行融资 120 亿，就有 330 亿，投在重庆，一年多时间把这个厂造好，今年三四月份就能投产，投产以后一年可以形成五六百亿的产值。这是一个很好的投融资项目，解决了战略性新兴产业的巨大投资资金来源，真正起到为有钱人理财、为缺钱人融资的作用。这单业务是西南证券做的，是一个好项目。本来我们起初是想把这个融资需求交给重庆的民营企业，他们如果有钱没有地方用，投到这个项目，肯定比放 100 亿小贷好，不容易坏账，但后来民营企业没有实质跟进。倒是重庆的一些国有企业，还有上海、北京的一些外地企业很睿智，都争着来投资。所以，一个月 210 亿的股权融资、120 亿的银行融资到位。现在，京东方的股价是三块多一股，每股赚一块钱，210 亿投资现在价值三百多亿。我讲这段话的意思是直接融资里边有许多工具、很多方式，在座的银行、企业，都该深度了解，了解以后，把这一块努力拓宽，我们的金融体系就活了。"

（资料来源：黄奇帆《在重庆金融工作会上的讲话》，http://www. aisixiang.com/data/84245－2.html。）

+—+

（二）投资平台

国有资本要投资非国有企业，就必须要有一个市场化、专门履行"管资本"职能的投资平台。现有管事、管人和管资产国有资产管理体制下的国资委和其管辖下的国有企业都不能满足这样的要求，需要通过国有资产管理体制改革和国有企业整合重组，新组建这样的投资平台。

1. 国有资本投资、运营公司的组建及功能定位

国有资本投资公司、运营公司可通过国有资本布局结构调整、国有企业整合重组来组建。具体而言，代表各级政府履行出资人职责的国有资产监督管理委员会可对其行使出资人职责的一级集团公司及其二级企业依据功能类别进行整合重组，组建若干个履行管资本职能、专门从事投资和资本运营的投资平台。

+—+

【资料链接】

推进国企国资改革，出台深化国有企业改革指导意见，制定改革和完善国有资产管理体制、国有企业发展混合所有制经济等系列配套文件。制定中央企业结构调整与重组方案，加快

推进国有资本运营公司和投资公司试点，形成国有资本流动重组、布局调整的有效平台。(《关于 2015 年深化经济体制改革重点工作的意见》)

国有资本投资公司是以产业资本投资为主，主要是投资实业、以投资融资和项目建设为主的投资平台。国有资本运营公司则是以资本运营为主，不投资实业，专门从事国有资本（股权）运营的投资平台。前者主要承担国有资本投资的战略职能，以国家战略利益最大化为其投资目标；而后者则肩负着国有资本保值与增值职能，以投资收益最大化为其投资目标。

【专家视点】

国有资本功能

基于我国的特点，国有资本有两大功能：一是政策性功能，即作为政府实现特殊公共目标的资源；二是收益性功能，获取财务回报，用于公共服务。两者的比例结构应当与时俱进地调整。在经济发育程度较低、政府主导经济增长阶段，国家更加重视它的政策性功能。国有经济主要是政府调控经济的工具，配置资源的抓手，推动经济增长的拳头。但这一发展阶段正在过去。当前，在国家有需要、非公经济不愿进入或不准进入的领域、天然垄断行业、涉及国家安全和某些公共服务等领域，以国有资本投资实现政府特定的公共目标的功能还不可少。但在市场起决定性作用的情况下，政策性功能应限定在市场失灵的领域，并经过充分论证和法定程序列入"负面清单"，随形势发展逐步减少，避免随意性，不可泛化。另外，很多曾经的

"重要行业、关键领域"已经成了竞争领域，而制约经济社会发展的"瓶颈"、关系"国民经济命脉"的很多方面也已发生变化。社会保障、基本公共服务均等化和某些社会产品的短缺已经上升为主要矛盾。相应的，国有经济作为"工具"和"抓手"的功能应大幅度转向收益性功能，以投资收益作为公共财政的补充来源，弥补体制转轨中积累的必须由财政支付的历史欠账和民生需求。

（资料来源：陈清泰《国企改革突破口是"管资本"》，http：//news. qq. com/a/20150913/018129. htm。）

2. 投资目标企业的选择

无论是国有资本投资公司，还是国有资本运营公司，其对投资目标企业的选择都是市场化的，都应像新加坡淡马锡公司那样，根据投资目标最大化的原则选择非国有投资目标企业和投资方式，根据投资效益最大化的原则管理自己的投资组合，灵活选择和运用"用手投票"还是"用脚投票"等管理手段，适时投入和退出。

【权威表态】

黄淑和：国有资本投资运营公司功能

国有资本的投资公司是以产业资本投资为主，着力培育产业竞争力。国有资本运营公司主要开展股权运营，改善国有资本的分布结构和质量效益，实现国有资本的保值、增值。国有资本投资运营公司与所出资企业更加强调以资本为纽带的投资与被投资的关系，更加突出市场化的改革措施和管理手段。在投资管理、公司治理、职业经理人管理、管控模式、考核分配等方面，都将更加市场化，更加充分体现国有经济的活力、控制力和影响力。

（资料来源：《黄淑和就深化国资国企改革答记者问》，http：//www. sasac. gov. cn/n85881/n326503/c365653/content. html。）

【他山之石】

新加坡淡马锡

新加坡淡马锡控股（私人）有限公司（Temasek Holdings Private Limited，以下简称淡马锡公司）成立于1974年6月。当时，成立该企业的目的是发展能源、运输等事业，并且从事社会公共事业的投资和建设。淡马锡将新加坡三巴旺造船厂、新加坡航空、海皇轮船、新加坡发展银行等36家公司纳入旗下。20世纪80年代，新加坡经济进入黄金时代，淡马锡投资平均回报率高达18%。亚洲金融危机时，淡马锡公司大都表现欠佳，投资回报率从18%降到3%，而另外一家财政部拥有的新加坡政府投资公司（GIC），在国际债券、期货和股票市场上却有不错业绩。2002年，政府任命时任新加坡科技公司CEO的何晶出任总裁。她上任后，将GIC改造成资本运营世界著名的私人股权投资公司淡马锡控股（私人）有限公司。

淡马锡控股（私人）有限公司由新加坡财政部全资拥有，是一家国有独资公司，同时也是一家由董事会领导的商业投资私人公司。作为国有独资公司，股东对董事会成员的任免或续任必须得到总统的同意。董事会对首席执行官的任免也必须经总统的同意。公司每年向股东派发股息，派息直接纳入财政收入。公司还必须向股东定期披露经审计的年度财务报表，并定期报告最新财务状况。

作为董事会领导的商业投资私人公司，公司奉行的是市场化的价值观，它宣示："让我们能够有效地履行各项责任，成为一个积极活跃的投资者与股东、一家着眼未来的机构和一个备受信赖的资产管护者。"它秉持完全市场化的投资理念，"依据商业考量和灵活性进行投资和脱售资产"。它通过增持、持有或减持来管理投资组合。

在公司治理上，它也奉行市场化的公司治理理念，即建立权责分明的治理架构，力求在授权与守则之间取得动态的平衡。公司作为积极活跃的股东，通过董事会来指导和协助高管团队。注重董事会的独立性，建立了一个由多数富有能力和经验的非执行董事组成的董事会，公司 10 名董事，大部分为非执行董事，均来自私营企业的商界领袖，且董事长与首席执行官职位分开。

2013 年公司的财报显示，公司投资组合价值 2150 亿新元，是 2003 年的 3 倍。股东回报率 8.85%，自成立以来股东回报率高达 16%，公司投资组合中的 73% 以上是流动及上市资产。集团净盈利保持在 110 亿新元。新增 200 亿新元投资，脱售了 130 亿新元资产。新增投资中有 80 亿新元投向金融服务业，40 亿新元投资能源与资源。

淡马锡公司的成功经验值得我们学习。国务院国资委原改革局局长周放生就认为，党的十八届三中全会决定中提出国有资本投资公司就是要学习新加坡淡马锡模式，"我们未来的国有资本经营公司就是中国的一个个'淡马锡'"。

国有资本投资公司对非国有目标投资企业的选择要服务于国家的战略目标，作为其投资目标的非国有企业应当是公共服务、高新技术、生态环保和战略性新兴领域的企业。但在此基础上，也应将投资效益最大化作为目标，选择这些领域最具投资价值、发展潜力大、成长性强的非国有企业作为其投资对象。

国有资本运营公司主要以投资收益最大化为目标，在选择目标企业上不受行业和领域的约束，可以更灵活地进行投资和管理其投资组合，所有具有投资价值、发展潜力大、成长性强的非国有企业都可成为其投资对象。

—·—

【典型案例】

中投、中信入股阿里巴巴

2012 年 9 月，阿里巴巴集团（以下简称阿里巴巴）宣布完成对雅虎 76 亿美元股份回购计划。阿里巴巴通过发行普通股、可转换优先股以及银行借贷，共融资约 59 亿美元用于此次股份回购。其中，20 亿美元为普通股，约 19 亿美元为优先股，20 亿美元为银行借贷。阿里巴巴此次普通股认购包括中国投资有限公司（以下简称中投）、国家开发银行（以下简称国开行）下属的股权投资子公司国开金融有限责任公司（以下简称国开金融）以及中信集团（以下简称中信）旗下的中信资本和博裕资本。据知情人士介绍，此次 20 亿美元普通股中，中投认购了 10 亿美元，国开金融、中信资本和博裕资本认购了其余 10 亿美元中的大部分。通过此次普通股认购，中投、中信和国开行成为阿里巴巴股东，将和马云实现合作双赢。一方面，马云和阿里巴巴管理层在重获公司控制权后，还将获得中投、中信和国开行三家强力盟友，有助于加强对阿里巴巴的掌控，顺利实施未来各项经营战略；另一方面，一旦阿里巴巴未来实现整体上市，这三家新股东也将获得可观的投资收益。中投、中信、国开行入股阿里巴巴，将进一步增加公司中方的话语权。雅虎拥有阿里巴巴39%左右的股权，软银拥有29.3%左右股权，马云及管理层拥有31.7%左右股权。随着淡马锡控股、DST及银湖等投资者的进入，以及此次中投、中信、国开行的入股，完成股份回购的阿里巴巴的股权结构会发生显著变化。

（资料来源：《中投、中信、国开行入股阿里巴巴》，http://bank.hexun.com/2012－09－20/146037131.html。）

（三）投资方式

【政策直通车】

鼓励国有企业通过投资入股、联合投资、并购重组等多种方式，与非国有企业进行股权融合、战略合作、资源整合，发展混合所有制经济。支持国有资本与非国有资本共同设立股权投资基金，参与企业改制重组。（《关于国有企业发展混合所有制经济的意见》）

1. 投资入股

此种投资方式适合于存量（在位运行）非国有企业的投资。对于此类非国有企业投资入股，也可采取增资入股和受让在位股东部分股权的方式。所谓增资入股，是指非国有企业通过增资方式吸收国有资本的入股，以实现国有资本与非国有资本的混合与合作。转让股权则是非国有企业的部分股东将其持有的股权或股东将其部分股权转让给国有资本，国有资本投资公司受让该股权，从而成为非国有企业股东，以实现国有资本与非国有资本的混合与合作。

2. 联合投资

此种投资方式比较适合于增量（新建）项目。联合投资就是国有资本投资公司或运营公司和非国有资本进行合作，共同发起、共同投资新的项目，也可以是国有资本和非国有资本联合投资于一个其他投资主体发起的新项目或某个目标企业。尤其是面临外资竞争时，在许多行业和领域，以及在海外市场拓展上，我国国有资本与非国有资本应加强合作，联合出击，一致对外。

基于各种考虑，我国国有企业在海外并购中多与国外跨国公司、知名专业投资机构进行合作，鲜有国有资本与国内民营资本携手共进、合作出击的，甚至还存在国有资本与非国有资本在海外市场恶性竞争导致两败俱伤的现象，必须加以纠正。在海外并购和投资项目上，也要充分发挥国有与非国有资本的混合优势，加强国有资本与民营资本合作。合作的方式可以采取共同发起成立专业投资机构，如合伙成立投资基金等方式，也可以在具体项目合作上组团、联合收购，或联合投资新项目。

【典型案例】

中信股份联手 KKR 收购新加坡联合环境

2014 年 11 月，中国中信股份有限公司将与美国私募股权公司 KKR 联手，以每股 1.65 元的价格，向新加坡上市的污水处理公司联合环境技术（United Envirotech）提出全面收购建议。对联合环境技术的估值约为 19 亿美元。收购建议所提出的 1.65 元收购价，比联合环保技术宣布这个消息前的闭市价 1.515 元高出了 8.9%，也比过去一个月的加权平均价高 16.1%。中信和 KKR 将通过双方组成的一家合资公司收购联合环境技术股票。合资公司目前已获得 KKR、联合环境技术主席兼总裁林玉程等股东的承诺，将他们共持有的 51% 股权出售给合资公司。完成收购献议后，合资公司将通过私下配售方式，以每股 1.65 元的价格，认购总额约为 5000 万元、1 亿元或 1.5 亿元的配售股票。在交易完成后，中信和 KKR 将分别成为联合环境技术的最大和第二大股东。它们计划维持联合环境技术在新加坡的上市地位，并保留它现有的管理团队。

中信股份副董事长及总经理、中信环保董事长王炯说："环境保护对中国的持续发展至关重要，我们投资环保事业不仅因为其具有商业契机，也看重它所带来的社会效益。联合环境将为中信在中国供水及污水处理行业的发展提供一个重要平台。我们会继续寻找类似具有战略意义的投资机会，为股东创造更大的价值。"

（资料来源：《每股 1.65 元，中国中信为首财团拟收购新加坡联合环境》，http://china.huanqiu.com/News/mofcom/2014-11/5200793.html。）

3. 兼并重组

国有资本对非国有企业兼并重组并不是国有资本要与民争利，也不是乘人之危或弱肉强食，而是要实现优势互补和共同发展。因此，国有资本兼并重组的非国有目标企业通常是希望同国有资本进行战略合作，或遭遇到困境的非国有企业，国有资本对这些非国有企业重组的主要目的是帮助这些企业摆脱困境或实现战略转型，尤其是对于那些涉及国家安全行业和领域又急于出售的或陷入困境、面临被外资收购的非国有企业，基于国家安全和拯救、保护民族工业的考虑，国有资本投资公司有责任挺身而出，通过收购或投资入股，帮助这些企业走出困境，抵御境外敌意收购，确保这些安全敏感性的民营企业的控制权掌握在国内投资者手中，以捍卫国家安全。

【典型案例】

中粮投资蒙牛

蒙牛乳业（集团）股份有限公司成立于1999年8月，总部设在内蒙古自治区呼和浩特市和林格尔盛乐经济园区，是国家农业产业化重点龙头企业、乳制品行业龙头企业。

2008年金融危机期间，蒙牛接连遭遇一系列打击。三聚氰胺事件、金融危机和蒙牛特仑苏曝出OPM事件等接二连三的打击，让蒙牛销量下滑，现金流出现巨大缺口，财务状况紧张。2008年，蒙牛净亏损9.486亿元，截至2008年12月31日，蒙牛银行贷款余额17.287亿元，而其中12.087亿元必须在一年内偿还。受这些事件影响，在香港联交所上市的蒙牛股票被国际投行集体看空，股价大跌，市值蒸发200亿港元。2008年9月22日，蒙牛最大的机构股东瑞银持股比例从7.99%增持到12.33%，蒙牛面临被外资收购的风险。2008年10月19日，蒙牛集团董事长牛根生发出了《牛根生致中国企业家俱乐部理事及长江商学院同学的一封信》，信中介绍了蒙牛最近一段时间应对三聚氰胺事件以及其他危机所采取的稳定措施，同时对施以援手的人士表示感谢。在信中，牛根生坚定地表示："我也提醒各位理事、同学，一定要以蒙牛为鉴，防范类似风险。至于蒙牛，最后即使白送了弟兄们，也决不愿被外国人买走。"

2009 年 7 月 7 日，中粮集团宣布，与厚朴投资共同组建了一家新公司，其中中粮集团持股 70%，以每股 17.6 元的价格投资 61 亿港币，分别向蒙牛认购新股以及向老股东购买现有股份，新公司将持有蒙牛扩大后股本的 20%，成为蒙牛乳业的第一大股东。双方对外宣告，中粮集团是长期持股蒙牛的战略投资者，中粮集团不参与蒙牛的具体经营管理。

对于此宗收购，中粮集团董事长宁高宁解释说："入股蒙牛是高起点进入该行业的良好契机。选择蒙牛这个中国最大的乳制品供应商作为战略投资伙伴，中粮在一个成熟的平台上完善了自己的'大食品产业'的布局。"他还在做客国资委网站和网友交流时表示，中粮入股蒙牛是因为中粮看好乳业本身，看好乳品公司，且蒙牛是一家很好的企业，而不是外界传说的"救"蒙牛。他认为，中粮入股蒙牛是"好的投资"，结局是双赢的。他澄清说："中粮在入股（蒙牛）的时候，有人怀疑说是因为三聚氰胺的事，但事实并不是这样。有人说中粮是不是要救蒙牛，其实并不存在这样的问题。"他进一步解释说，中粮入股蒙牛，首先是因为蒙牛是中国液体奶领域遥遥领先的第一名，其品牌的领导力非常强，营业额和盈利都是很好的。蒙牛目前官网上是这样评价此次收购的："中粮的加入，推动了蒙牛'食品安全更趋国际化，战略资源配置更趋全球化，原料到产品更趋一体化'进程。"

（资料来源：《宁高宁：中粮入股蒙牛是投资而非拯救》，《证券时报》2009 年 9 月 26 日。）

4. 设立股权投资基金

+—+

【混改小百科】

股权投资基金

股权投资基金，通常被称之为"私募股权投资基金"。广义的私募股权投资基金，是指以非公开方式向投资者募集资金设立的从事权益性投资的投资基金。在我国，狭义的私募股权投资基金，通常是指以非公开募集方式设立的投资于非上市公司股权的投资基金，包括私募并购投资基金和私募风险投资基金两大类。

+—+

共同发起设立私募股权投资基金，是国有资本与非国有资本进行合作、实现融合、推动混合所有制改革的一种方式。目前，各省市出台的国资国企改革指导意见都鼓励不同投资主体共同设立股权投资基金，以该基金作为投资平台，参与企业改制上市、重组整合、境外并购、投资战略新兴产业、高新技术产业。股权投资基金可以采取公司型、契约型和有限合伙型等多种形式。国有资本可以与非国有资本共同发起设立股权投资基金，也可以作为基金投资者或有限合伙人参与非国有资本设立的股权投资基金，在法律政策允许的情况下，还可以作为一般合伙人与非国有资本投资者一起共同投资基金和管理基金。

（四）优先股和国家特殊管理股的运用

优先股和特殊管理股本质上是在法律允许的公司自治范畴

内，各股东针对国有股东在公司特定事项上享有的表决权及收益权所作的特殊安排。其目的是在国有资本与非国有资本融合的情况下，最大限度地把国有资本追求的公共性政策目标与非国有资本和公司追求的盈利最大化的市场化目标兼容。

━━━━━━━━━━━━━━━━━━━━━━━━━━━━━━

【政策直通车】

国有资本参股非国有企业或国有企业引入非国有资本时，允许将部分国有资本转化为优先股。在少数特定领域探索建立国家特殊管理股制度，依照相关法律法规和公司章程规定，行使特定事项否决权，保障国有资本在特定领域的控制力。（《关于国有企业发展混合所有制经济的意见》）

━━━━━━━━━━━━━━━━━━━━━━━━━━━━━━

1. 优先股

━━━━━━━━━━━━━━━━━━━━━━━━━━━━━━

【混改小百科】

什么是优先股

优先股，是指"依照公司法，在一般规定的普通种类股份之外，另行规定的其他种类股份，其他股份持有人优先于普通股股东分配公司利润和剩余财产，但参与公司决策管理权受到限制"。

按照优先分红是否可逐年累积，优先股可分为可累积优先股和非累积优先股。所谓可累积优先股，是指无利润可分配营业年度内未分配的股利可累积到有可分配利润年度一并分配；而非累积优先股则是指无利润可分配年度的股利不能累积，优先分配权过时作废。

根据在实现固定优先分红权后是否可参与普通股股利分配，可将优先股分配分为可参与优先股与不可参与优先股。前者是指除享受固定优先分红权外，还可以与普通股一道参与可分配利润的分配；后者则是指除享受固定优先分红外，无权与普通股股东参与利润分配。

根据是否可转换为普通股，可将优先股分为可转换优先股与不可转换优先股。可转换优先股是指允许优先股持有人在特定条件下把优先股转换成为一定数额的普通股。否则，就是不可转换优先股。

根据优先股是否赋予股东请求公司赎回的权利，可将优先股分为可赎回优先股和不可赎回优先股。

·+·

我国现行法律规范中最早明确规定优先股的，是 1992 年颁布的《国家体改委股份有限公司规范意见》。该意见第 23 条规定，"公司设置普通股，并可设置优先股"。但我国 1993 年的《公司法》并没有将优先股纳入立法，2005 年《公司法》修改，仍未将优先股纳入立法。2013 年，国务院颁布了《关于开展优先股试点的指导意见》，开始优先股试点。推出优先股试点是为了落实党的十八大、十八届三中全会精神，为了进一步深化企业股份制改革，推进企业兼并重组，促进资本市场发展。

从风险与收益特点来看，优先股是介于普通股与债券之间的一种金融工具。可累积、可赎回优先股更接近债券的特征，而可参与、可转化优先股则更接近于普通股。它比债券风险大，比普通股风险小。因为享有优先权，优先股的表决权受到极大的限制，所以优先股股东通常不掌握公司控制权。

+·+

【专家视点】

张文魁：混合所有制是一条中间道路

如果非国有股东在混合所有制企业中只充当小小的消极股东而且合法权益得不到保障，如果非国有资本在混合所有制公司治理中无足轻重，如果非国有投资者和广大股民在混合所有制改革浪潮中被当成国有企业的提款机，如果非国有股东和国有股东在混合所有制框架中相互摄取和掏空企业，这些所谓混合所有制，并不一定是真正的改革。

（资料来源：张文魁《混合所有制的公司治理与公司业绩》，清华大学出版社 2015 年版。）

+·+

【他山之石】

危机期间美国对花旗银行注资

2008 年 11 月 23 日，经过两个昼夜的谈判，美国财政部、美国联邦储备委员会及美国联邦储蓄保险公司与花旗集团就一揽子救助方案达成协议。其中一项安排就是美国财政部从 7000 亿美元救市计划名下提取 200 亿美元，以收购优先股形式注资花旗银行。根据协议，花旗银行另行向政府发行 70 亿美元优先股，财政部和联邦储蓄保险公司各持有 40 亿美元和 30 亿美元。这些优先股和来自救市计划名下的 200 亿美元优先股股息率为8%。协议还约定，花旗集团不必变更高层管理人员，但同意严格限制高管人员的薪水，同时，未经财政部允许，普通股股息 3 年内每季度每股不得超过 1 美分。

自2009年春季以来，由于危机得到缓解，银行财务状况好转，美国政府就开始处置其持有的股权，花旗银行也开始筹集资金偿还政府的注资。到2009年12月，花旗银行已经偿还了另外200亿美元的救助资金，而美国财政部也已经累计出售了53亿股花旗银行股权。而一旦完成此次24亿股花旗银行普通股的出售，美国政府将清空全部对花旗银行的持股。

（资料来源：《雅虎财经：美国政府将剥离剩余花旗银行股权》，http://finance.qq.com/a/20101207/001858.htm。）

+·+

2. 国家特殊管理股

《中共中央关于全面深化改革若干重大问题的决定》在文化体制改革中提到了"探索实行特殊管理股制度"。对于"特殊管理股制度"，由党的十八届三中全会起草组编写的辅导读本是这样描述的："设置特殊管理股是通过特殊股权结构设计，使创始人股东（原始股东）在股份制改造和融资过程中，有效防止恶意收购，并始终保有最大决策权和控制权。具体是将公司股票分为A类股和B类股两种，二者拥有同等的经营收益权，但创始人股东的股票（B类股）具有特别投票权，包括董事选举和重大公司交易的表决等。这种办法为国外很多公司所采用。"

+·+

【政策直通车】

完善文化市场准入和退出机制，鼓励各类市场主体公平竞争、优胜劣汰，促进文化资源在全国范围内流动。继续推进国有经营性文化单位转企改制，加快公司制、股份制改造。对按规定转制的重要国有传媒企业探索实行特殊管理股制度。推动文化企业跨地区、跨行业、跨所有制兼并重组，提高文化产业规模化、集约化、专业化水平。（《中共中央关于全面深化改革若干重大问题的决定》）

+·+

从国外发达国家的实践经验来看，特殊管理股主要有金股和复数表决权股两种形式。

+·+

【混改小百科】

金　股

金股（Golden Share）据说是起源于20世纪80年代初英国政府国有企业私有化过程中。在撒切尔政府私有化改革浪潮中，为防止政府对改革后（国有企业私有化）的企业失去控制，英国政府在一些关系国家安全和重要行业的企业中设立金股。金股是一种对公司特殊事项享有特殊的表决权安排的股份，它具有以下几个特点：（1）金股是股东之间就公司特定事项议事规则所作的特殊安排，即赋予金股持有方享有一票否决权，如果没有金股持有人的表决通过，就无法对特定事项形成决议；（2）金股之所以金贵，是因为它通常只有一股，其价值在于监督制衡权，而非经济价值；（3）金股持有人通常是不掌握公司控制权的一方，而且通常是对社会公众负有公共责任的政府一方；（4）金股是公司治理结构的一种特殊安排，是为了让企业承担其特殊使命和服务于特定的政策目标，如职工安置方案的落实、关切到公共利益的事项的落实等，当这些使命完成和目标实现时，金股的特殊价值也就不复存在，金股也就可取消或终止。

+·+

因为金股享有特殊表决权及特殊功能，所以在我国21世纪初国有企业改革浪潮中，在国有企业改制为非国有资本控股、控制权发生转移的情况下，政府为保障改制后企业贯彻落实其批准的改制方案，一些地方开始尝试引入金股制度，借助金股的一票否决权来监督和保障改制后的企业贯彻落实改制方案，尤其是职工安置方案。这些尝试为进一步在国有企业改革中推广金股制度积累了宝贵的实践经验。一些省市在落实党的十八届三中全会决定而出台的国资国企改革政策中，也提出采用金股机制来确保混改的顺利实施。上海市公布的改革方案中提出了"探索建立特殊管理股制度"，广东省、重庆市也提出了类似的"金股"制度。但也有学者认为，金股机制的适用范围应受到严格限制，否则可能导致滥用，影响混改的成效。在这一方面，广东省的做法值得借鉴。尽管仍有待进一步明确，但广东省的改革方案就金股机制适用的范围从企业类型和事项两个层面作了限制性规定。它规定，"对关系国计民生的准公共性企业，可探索建立国有股东'金股'机制，通过约定特定事项行使否决权"。

+·+

【典型案例】

萍钢改制设置国有金股

江西省2003年对上年第三大利税大户——萍乡钢铁有限责任公司进行改制时实行"国有金股"。该公司是江西省第一家改制的省属国有企业，其国有产权计划通过公开招标一次性整体转让，省政府在改制后的新企业中设置了一股"国有金股"，具体持有者为江西省国有资产管理办公室，数量为一股。金股特别权利主要体现在：对股东大会和董事会作出不履行改制方案的决议，或者在涉及职工利益作出违反既定改制方案、侵犯职工合法权益的决议时，可以行使一票否决权。国有金股在企业履行既定改制方案后退出，即萍钢完成改制后 3—5 年内退出。金股设置的目的是保证政府通过的改制方案在改制后企业得到贯彻落实，尤其是改制后企业兑现对职工利益的承诺，保持企业和社会长期稳定，"国有金股"价格为象征性的一元。"国有金股"不干预企业经营决策，不参与企业分红，不承担企业从事生产经营过程中发生的一切民事责任。设立金股的目的很明确，就是监督改制企业履行预定的改制方案，保障职工权益不受侵犯。

（资料来源：涂建民《"国有金股"为萍钢成功改制奠定基础》，http：//www. jxcq. org/NewsView. aspx? hl = Ch&id = 1422；任胜利、袁瑞堂《"国有金股"为国企整体产权转让奠定基础——萍乡钢铁有限责任公司整体产权转让综述》，《产权导刊》2005 年第 1 期。）

·+·

【他山之石】

英国国防部原评估与研究局的分立和公司化改造

英国国防部评估与研究局是一个为英国国防部、贸工部提供航空、国防、电子、金融、医疗、舰船等公共技术支持，以及安全、航天、媒体、运输等领域的技术开发和应用，有 12000 多名员工的庞大机构。每年需要巨大财政预算投入。冷战结束后，政府无法满足该机构的预算开支需求。2001 年 7 月，英国政府决定对其进行分立和公司化改造，将评估与研究局一分为二，少量业务和 3000 人保留在国防部继续由政府财政拨款支持，其余大部分业务和 9000 人分离出去成立了奎奈蒂克（Qinetiq）公司。

奎奈蒂克最初由国防部 100% 持股。18 个月后，英国国防部开始出售其持有股份，并筹划上市。先后共有 11 家金融投资型机构参与受让了股份。截至 2003 年 2 月，美国的一家叫卡莱尔（Carlyle）的投资公司获得了 30% 的股份，占据了公司相对控股的地位。英国国防部开始对该公司进行完全市场化改革，分流到公司的 9000 人从公务员转为了公司雇员，并进行职工持股改革，职工持股 13%。英国国防部还将其持有股份委托卡莱尔公司代管，国防部派人进入董事会。国防部派往公司的董事，在公司日常决策中并没有特殊的权力，仅在公司资本结构和公司重大战略发生变化时，如有需要，可行使否决权。2006 年 2 月，公司在伦敦证券交易所上市，公司价值从 1.5 亿英镑增值为 11 亿英镑。上市后，英国国防部仍持有公司 19% 的股份。与此同时，国防部还向投资者承诺，继续为公司提供业务支持，保证 3 年内合同不减少。2008 年 9 月，英国国防部将其持有的 19% 的股份中 18.9% 的股份出售，仅保留了少量的"特殊股"，即"金股"。国防部持有金股，主要是为了防止该公司被外国机构收购和接管，目的是为了维护英国国家安全。"金股"权利包括：英国政府拥有阻止其他机构对公司恶意接管的权利，对重大决策保留最后发言权；英国政府拥有反对任何威胁国防与安全的公司交易或持股的权利；公司重要的相关工作开展前必须得到国防部具体并辅以文件证明的许可方能进行；出于国家安全考虑，拥有监督董事会成员和批准董事会主席的权利；监督公司生产类别使之满足英国国防军备产业链需要的权利。

除"金股"外，另外一种可借鉴的国外"特殊管理股"是分类股制度，即复数表决权安排。

【混改小百科】

分类股制度

所谓分类股制度，就是公司股票被分为一股一票的普通股，即 A 股，和拥有复数表决权，如一股 10 票的复数表决权股，即 B 股。分类股制度本质上是同股不同权。世界上大多数国家的法律都是禁止这样做的，但美国法律和证券交易所一直都允许公司发行同股不同权的分类股。在美国，过去许多家族企业采用分类股制度，以确保公开发行上市时能继续保持家族对公司的控制权。具体做法就是，对外公开发行的是一股一权的普通股，而掌握控制权的家族成员持有的股票则是享有复数表决权的 B 股。

通过分类股制度，即使公开上市后家族持有的股份比例被稀释到少数股份的地位，家族仍可凭借多数表决权掌握公司的实际控制权。近期，美国许多新兴产业领域如处于高速成长的互联网企业偏爱分类股制度。这些企业在公开发行股票上市时，掌握公司控制权的创业团队或创业股东持有的股票转化为拥有复数表决权的 B 股，即每股享有 10 票表决权。而对外公开发行的股票属于 A 股，属于一股一权的普通股。这样，即使创业团队或创业股东持有的股份被稀释到少数股份的地位，他们仍能够牢牢地掌握公司控制权，从而保持公司控制权稳定。公司控制权稳定对于高速成长行业和企业而言是非常重要的，它可让公司创始人团队免除公司控制权旁落的后顾之忧，一心一意谋发展，保持公司高速成长。我国阿里巴巴创始人团队最终选择到美国上市，就是看中了美国法律允许采用分类股制度的特殊法律环境。阿里巴巴合伙人制度本质上就是分类股制度，其目的是通过特殊管理股，即分类股安排，确保马云团队能够掌握公司的控制权。

【他山之石】

谷歌分类股制度

截至 2012 年 12 月 31 日，谷歌创始人和执行主席持有 92% 的 B 类股，他们获得了总的表决权的 65%，而其权益份额只占约 20%。在 2004 年 IPO 函中，创始人向投资者和其他利益相关者明白无误地声称，双重股份结构就是要保证创始人长期对公司命运的控制。在 2012 年创始人信函中再次声称，要"创造丰富千百万人过上有意义和有深度生活的科技产品"。而且，在不稀释创始人表决权的情况下，2013 年宣布一种新的无表决权股将发行给在位股东，一股拆两股。

2012 年，谷歌的股价只上涨 10%，而标准普尔指数为 13.41%，但投资者并未抱怨。谷歌的公司治理模式引起了争议，有人严厉批评此类分类股份安排，也有人为其辩护，认为分类股份是转向公众持股的过渡安排，它可保持公司长期战略不受股票市场短期主义的影响。调查显示，世界最大 50 家对冲基金中有 32 支在 2012 年年底持有谷歌股份的长期头寸。

3. 优先股、特殊管理股的运用

优先股在享有收益分配和剩余财产分配上的优先权的同时，

表决权受到限制，所以混改引入优先股机制有两个方面的好处："一方面，在改制企业经营风险不确定时，让国有股的全部或大部转为'优先股'，可以使国有资本实现旱涝保收、保值增值。另一方面，能够吸引非国有资本进入，承担更多风险。在国有企业规模较大的情况下，民营资本可能担心投入了大量资金却难以拥有话语权，将相当部分国有资本转为'优先股'，有助于提高民营资本积极性。"目前，上海、重庆有关政策都明确规定，混合所有制改革过程中要引入优先股机制。在混合所有制企业中，必须使非国有股东在公司治理中享有举足轻重的话语权，国有股东与非国有股东才能做到相互制衡，提升公司治理水平。在国有资本投资非国有企业时，以下几种情形比较适合采用优先股：（1）对于处于创业、高速成长阶段的高新技术企业的风险投资；（2）基于国家战略，出于支持、帮扶和救助目的，对战略性新兴产业领域和其他关系国计民生的非国有企业的投资。上述两种情形下采用优先股，既可确保国有资本保值与增值，又不触及企业控制权及经营权问题，避免非国有企业或其股东对"国有化"的担心。为便于国有资本退出，优先股可采用可转换优先股，即当这些非国有企业具备上市条件时，国有投资公司就可选择将其持有的优先股转换为普通股，在上市时通过发行或在上市后转让退出。在 2008 年金融危机期间，美国联邦政府对银行注资就普遍采用了优先股机制，一方面可以不触及银行的经营自主权，另一方面又可降低政府注资的风险，为政府适时退出创造便利。

金股和分类股制度本质上是股东间就表决权的行使所作的特殊约定，这种约定只要不违反强制性法律规定，就是合法有效的。在国有资本投资入股非国有企业时，国有资本投资公司与企业其他股东可以约定在股东会所有事项的表决上按照股权比例行使表决权，也可约定不按出资比例约定表决权，决议可以采取简单多数决，也可采取超级多数决，还可采取一致决。具体哪些事项采取简单多数决，哪些事项采取超级多数决，哪些事项采取一致决，股东之间需要通过股东协议加以约定，并将这些约定写入公司章程。

金股可用于国有企业改制为非国有控股或非国有企业的场合，也可以用于国有资本投资非国有企业的场合。前者如萍钢，设置金股是为了确保改制的方案得以贯彻落实，而后者则可作为一种保护性的安排，即国有资本投资入股非国有企业后，在不参与该企业日常经营管理、不触及该企业控制权的情形下，为了维护作为少数股东或被动投资者的权益，国有出资人可与非国有企业其他股东达成创设国有金股的安排，赋予国有金股持有者在股东大会审议表决的关系国有股东核心利益的特殊事项上享有一票否决权，以防止该企业的控制股东或实际控制人滥用控制权，做出损害国有股东权益的事情。

而分类股则可用于国有资本投资高新技术领域处于高速成长阶段的非国有企业。国有资本投资公司可接受这些公司分类股制度安排，认购普通股，而让创始人股东持有拥有复数表决权的股份，以保障公司控制权稳定，维持公司高速成长。当然，金股和分类股制度是一种投资工具创新，这些创新在实践中还可继续丰富和完善，国有资本在投资非国有企业时可进行再创新，创造性地运用这些创新投资工具，最大限度地实现国有资本与非国有资本的融合和共同发展。

六、混合所有制企业治理机制

推进国有企业发展混合所有制，建立健全企业治理机制，是建立现代企业制度的核心内容，更是企业成为自主经营、自负盈亏、自我约束、自我发展法人实体和市场主体的重要体制机制保障。针对国有企业存在政企不分、政企边界不清、产权结构单一、法人治理机制不健全、董事会职权不实等体制机制弊端，《意见》提出要建立健全混合所有制企业治理机制，着重推进三个方面的改革创新。一是进一步确立和落实企业市场主体地位，二是健全混合所有制企业法人治理结构，三是推进混合所有制企业职业经理人制度。

（一）确立市场主体地位

在计划经济体制下，国有企业作为政府机构的附属物，政企不分，政府可以随意干预企业经营活动。产权结构单一，出资人缺位，没有人对企业经营状况真正负责，健全的法人治理机制难以形成。国有体制依赖、用人制度僵化、干好干坏一样、经营机制不活等诸多弊端，使国有企业难以成为真正的市场竞争主体。改革开放三十多年来，通过简政放权、经营机制转变、建立现代产权制度等一系列改革推进，国有企业适应市场经营的能力发生了很大变化。然而，国有企业原有体制机制的固有缺陷仍然是制约其成为市场竞争主体的关键因素。发展混合所有制，实现体制机制的本质突破，是国有企业实现从被动经营向自主经营转变，真正确立市场主体地位的客观要求。

❖—❖—❖—❖—❖—❖—❖—❖—❖—❖—❖—❖—❖—❖—❖—❖—❖

【政策直通车】

政府不得干预企业自主经营，股东不得干预企业日常运营，确保企业治理规范、激励约束机制到位。落实董事会对经理层成员等高级经营管理人员选聘、业绩考核和薪酬管理等职权，维护企业真正的市场主体地位。（《关于国有企业发展混合所有制经济的意见》）

❖—❖—❖—❖—❖—❖—❖—❖—❖—❖—❖—❖—❖—❖—❖—❖—❖

1. 摆正政企角色，切断行政干预"脐带"

深化国有企业改革，发展混合所有制经济，通过引入民营资本、集体资本、境外资本等外部投资者，实现产权多元化，借助不同性质资本的混合优势，突破体制机制的束缚，切断政府与国有企业的"脐带"关系，推动政企分开、政资分开。政府作为国有资本所有者，与民营资本、集体资本、境外资本具有同等的法律地位和出资人资格，按照出资额大小及占有的比例，遵循《公司法》和企业章程的规定，"以规行权，按章做事，依资说话"，政府不干预企业经营活动，对企业不能下达行政性指令，只通过委派出资人代表按制度行事。实现政企分开的关键是董事会制度建设，而且要让外部独立董事占大多数，使企业决策权最终落在董事会。出资人通过董事会发表意见，通过管理董事，而非直接管理经理层，使出资人真正摆正自身位置，找准履行自己职责的途径和方式。

政府要准确定位自身角色，理顺政企关系，其核心是切实转变政府职能，做到不错位、不越位和不缺位。要最大限度地减少对微观事务的管理，切实简政放权，减少行政干预，市场机制能有效调节的经济活动一律取消审批，让市场优胜劣汰，由企业自负盈亏。加快形成企业自主经营、公平竞争，消费者自由选择、自主消费，商品和要素自由流动、平等交换的现代市场体系，着力清除市场壁垒，提高资源配置效率和公平性。政府要加强发展战略、规划、政策、标准等的制定和实施，主要依靠经济激励、法律约束、技术标准等方式，营造规范的市场秩序和公平的竞争环境，加强市场活动监管，合理引导市场主体行为。

<hr>

【典型案例】

实行"三个清单"管理，确立企业市场主体地位

2015年2月，国家发改委批准广东省实行企业投资负面清单管理制度试点，批准了总体方案和"三个清单"（企业准入负面清单、政府行政审批清单、政府监督管理清单）。

对于企业准入负面清单，即按照法无禁止即可为的原则，除了国家对企业有禁止进入和有条件进入的之外，其他都准许企业自由进入。政府行政审批清单是实行政府管理的项目，政府怎么去审批，它的程序、条件、要求各方面要列明清单。政府监督管理清单是对自由进入的和政府还继续管理的项目要实行监管，监管的依据、条件、主体都要列明。

怎么落实这一制度？开通网上办事大厅，负面清单之外的企业，现在完全可以在网上下载表格，按照表格要求填写相关内

容之后在网上提交，发改系统（省、市、县发改部门）根据各自不同权限，可以在门户网站对企业提交的表格进行必要的审查，看一看他们填得全不全、符不符合要求。5 个工作日内要审查完毕，网上提供一个备案证号码，企业就可以在网上自己打印，即完成整个备案过程。

对于监管清单，按照法定职责对各个部门实行横向倒逼，对各个相关企业项目进行监管。广东建立社会信用体系、建立市场监管体系，将来企业按照备案的项目、内容、承诺去进行，在项目建设和运营过程中如果发生违反相关法律法规、违反承诺的，一旦发现就要在网上进行披露，根据法律法规还要进行惩处，以此促进企业自律，避免陷入一放就乱、一乱就收、一收就死、一死再放的恶性循环。

以三个清单的管理为重点，进一步确立市场主体地位，特别是确立企业的投资自主权，使市场秩序和政府行为得到更好的规范。

（资料来源：殷云、张玉荣，中国小康网讯，2015 年 3 月 7 日。）

2. 理顺股东与企业的关系，避免干预日常经营

混合所有制企业内，国有、集体、民营、外资等不同性质的出资人或股东，严格按照《公司法》规定和企业章程行使股东权利、履行股东义务，通过向公司委派董事、监事实施对企业经营活动的影响及监督。股东，尤其是国有股东不得以各种方式、理由、借口干预企业日常运营，而只享有与其他出资人或股东同等的法律地位和股东权益。

作为国有资产出资人，要顺应国有资产管理体制改革的要求，以产权管理为纽带，依法通过公司章程，通过公司治理，

围绕"管好资本"四个字落实出资人的职责，不干预具体经营活动，不干预企业的法人财产权和经营自主权。

国有资本投资公司以产业资本投资为主，着力培育产业竞争力。国有资本运营公司主要开展股权运营，改善国有资本的布局结构和质量效益，实现国有资本的保值增值。国有资本投资运营公司与所出资企业更加强调以资本为纽带的投资与被投资的关系，更加突出市场化的改革措施和管理手段。在投资管理、公司治理、职业经理人管理、管控模式、考核分配等方面，都要按照规范化要求、市场化方式运作。

【资料链接】

依法行使股东权利，严格履行股东义务。在涉及上市公司事项的相关行为决策或实施过程中，国有股东要依法处理与上市公司的关系，切实维护上市公司在人员、资产、财务、机构和业务方面的独立性。同时，应当按照相关法律法规和公司治理规则要求，严格履行内部决策、信息披露、申请报告等程序，不得暗箱操作、违规运作。（《关于规范上市公司国有股东行为的若干意见》）

3. 理顺决策层与执行层的关系，确立董事会核心地位

理顺决策与执行的关系，就是理顺董事会与经理层的关系，这里的关键是确立董事会的核心地位。董事会是决策机关，负责确定企业的发展方针、目标、纲领和投资决策等。执行层负责把决策层制定的方针、政策贯彻到各个职能部门的工作中去，对日常工作进行组织、管理和协调。执行层在决策层的领导下，

通过各种技术手段，把企业目标转化为具体行动。

混合所有制企业中要实现所有权、决策权与经营权的分离，并保障决策权与执行权的协调，客观上要求改革国有资产管理体制，优化管理方式，使董事会对经理层成员具有充分的管理权限，发挥董事会下设专业委员会的作用，按市场化原则，有权选择和聘用经理层及高级管理成员、有权进行经营业绩的考评、有权制定和实施合理的薪酬结构，并形成合理的激励约束机制。同时，按照权责对等原则赋予经理层相应的权利。经理层要不折不扣、不遗余力地执行董事会决议，并承担决策执行的责任。只有确保董事会对经理层及高管成员的管理权，才能使混合所有制企业的市场主体地位得到真正落实。

（二）健全法人治理结构

完善法人治理结构是提高混合所有制企业运行效率的重要制度建设。完善企业法人治理结构，重在推进所有者、经营者、监督者透过公司权力机关（股东会）、决策与执行机关（董事会与经理）、监督机关（监事会）而形成权责明确、相互制约、协调运转和科学决策的联系，并依据法律法规和公司章程的规定建立制度化、有效运行的机制。

《意见》明确指出，混合所有制企业要建立规范的现代企业制度，明晰产权，同股同权，依法保护各类股东产权。规范股东（大）会、董事会、经理层、监事会和党组织的权责关系，按章行权，对资本监管，靠市场选人，以规则运行，形成定位清晰、权责对等、运转协调、制衡高效的法人治理结构。

1. 明晰产权，同股同权

推进国有企业改革，发展混合所有制经济，引进包括国有资本、集体资本、民营资本、境外资本等不同形式的产权主体，必须做到产权归属清晰。混合所有制企业以投资主体多元化为前提，以明晰产权为基础，按照现代产权制度的规范建立委托人代理制度，是确保混合所有制企业进行科学经营决策的关键，是构建企业法人治理结构的制度基础。

根据《公司法》和公司法人治理结构规范化、科学化的要求，在混合所有制企业运营过程中，必须注重维护股东包括中小股东的利益。以股份制形式存在的混合所有制的特点，就在于产权多元化，以股份形式确定出资者的产权主体地位。在企业产权中占有多少股份就意味着拥有多少资本财产权，不管出资主体姓"公"、姓"私"或姓"外"，做到同股同权，同类的股份享有一样的权利，按占有资本的多少拥有对应的权利，产权归属落实到出资人，做到明晰产权。同时，股份公司又以分红的形式体现资产收益权，企业盈利，股东按股份分红，企业亏损，出资者以其股份资本为限承担相应责任。

混合所有制企业要发展，必须破除国有企业的股权固化。加快推进国有企业特别是母公司层面的股份制改革，进一步优化国有企业股权结构。通过多种方式推进具备条件的国有企业改制上市，暂不具备上市条件的国有企业通过引入各类投资者，包括民营资本、外资、个人资本等，实现股权多元化。混合所有制企业的财产主体需要明确，其投资主体不再是单纯的政府或政府委托的管理机构，而是企业本身，所投入的资本是企业本身的财产，独立自主地经营并负担盈亏。不同的国有企业之间互相参股，形成交叉持股，可以在股权多元化的基础上建构以股东会、董事会、监事会为特征的现代公司法人治理结构和现代企业制度。

2. 健全组织，完善机制

混合所有制企业以法人财产为基础，以出资者原始所有权、法人产权和经营权相互分离为特征，并以股东会、董事会、监事会、经理层作为法人治理架构来确定所有者、法人、经营者和职工之间的权利、责任和利益关系。企业法人治理结构不仅要保护法人所有权的完整无损，而且还要保证经营控制权合理、有效地运用。

由于董事会在公司治理结构中处于中心位置，增强董事会的功能就成为建立有效公司治理结构的核心任务。完善法人治理结构要妥善处理由于所有权与经营权分离而产生的信托、代理关系，即股东—董事会之间的关系，以及董事会—经理层之间的关系。包括董事会如何忠诚于股东并勤勉尽职，董事会如何有效激励和监督经理层，以及如何平衡公司各相关者利益关系。股东推选能代表自己利益的、值得信赖的、有能力的代表，组成公司的最高经营决策机构——董事会。作为最高决策机构，董事会受股东委托承担诚信、受托的责任。董事不同于经理，他们不是为获取工资而受雇用，而是以得到股东和社会信任为责任和荣誉。因此，健全我国的董事会制度是完善混合所有制企业法人治理结构的核心内容。

深化国有企业改革，发展混合所有制经济，在多元产权主体并存的条件下，如何提高董事会治理水平是非常重要且迫切的任务。健全董事会制度，完善运行机制，需要重点加强以下三方面的建设：第一，确保独立性。董事要能独立而公正地发表意见，而不是依附于任何其他人的意见，发挥好董事会投资经营决策作用。要加强独立董事制度建设，独立董事与公司没有重要关系，不代表特定群体的利益，受内部董事的影响较少，公正性强，可以确保董事会集体决策，保护各股东的利益。要注重改进董事会组成，增加外部董事、独立董事，降低内部董事比重，以克服"内部人控制"现象。第二，强化专业性。董事会成员的专业性一定要有足够的保障，要优化董事会的规模和结构。董事一定得是"懂事"的人，以利于科学决策。第三，规范责任制度。董事对公司的义务主要表现在两个方面：即董事对公司的忠诚义务和董事勤勉、谨慎并具有熟练技能的义务。以责任为主线，建立责任、落实责任、追究责任，建立董事的规范责任义务制度。

3. 理顺"新老三会"关系，增强运行合力

国有企业在实现了混合所有制之后，应注意理顺"新三会"与"老三会"之间的关系，完善公司治理机制。如何处理"新三会"与"老三会"的关系，是混合所有制企业制度建设的关键。在传统体制下，为了在国有企业确立党的政治领导和实现职工的主人翁地位，企业实行的是"老三会"治理体系。由于符合当时的企业治理需求，这种治理体系一度发挥了重要作用。在混合所有制经济体制下，按照《公司法》的规定，股份制企业通过"新三会"治理体系来行使公司治理职能，目标是为了实现公司的有效治理，达到出资人利益的最大化。"新三会"和"老三会"设置基础和治理目标的不一致，必然会产生协调上的矛盾。深化改革并不是要以"新三会"取代"老三会"，而是

要进行系统的规范与调整，从而更好地发挥企业治理结构中各组织的积极作用。要根据国有资本比重确定"老三会"的保留与否。对于有必要保留的，将根据市场经济对企业组织形态、领导体制、经营机制的要求，在充分发挥"新三会"效能的基础上，把"新三会"同"老三会"有机结合起来，以"新三会"为治理结构的基本框架，合理规范"老三会"的权能，改进其活动方式，把"老三会"的权能同"新三会"的权能有机地结合在一起，从而形成具有运行合力的法人治理结构。

一是理顺党委会与"新三会"之间的关系。党是政治组织，在企业承担政治责任。党的政治责任是"党要管党，从严治党"，就是把党员管好、让党员更具先进性。

党在国有企业中发挥政治核心作用。党组织不是公司的法定机关。党组织在工作方法上可以参与公司重大问题的讨论与决策，但不能直接决定和指挥公司的经营管理活动，可以通过向董事会、经理层提出意见建议，充分发挥董事会、监事会、经理层中党员管理人员的作用，以及党员在股东大会中的作用来实现党组织的意图。为了发挥党在公司中的政治核心作用，可根据董事、经理的自身素质和公司有关法规和章程，采取党委会与董事会、经理层主要领导层"双向进入，交叉任职"的形式。党委会主要负责人或者成员可以通过法定程序进入董事会、监事会，以董事的名义参与公司的决策和经营管理，以监事的名义对公司的决策和执行情况进行监督。党务机关的设置和人员配置要以有利于促进企业发展，有利于加强党的建设和思想政治工作为前提，坚持精干、高效、协调的原则。

二是理顺职代会与"新三会"之间的关系。在传统企业制度中，职代会是工人群众参与企业管理、监督企业领导者的权力机构，是实施企业民主管理的基本形式，相当于"新三会"的股东大会。在现代企业制度中，要充分发挥职工参与公司监督和管理的积极作用。《公司法》对职工参与监督和管理作了明文规定，在法律上保证了职工监督管理的权利。职工代表可入选监事会而不能进入董事会。在混合所有制企业中，实行职工持股制度的，通过职工持股进入股东大会参与企业重大经营决策，实现民主管理。职工以股东身份进入股东大会，职工代表以股东代表（或者股东）的身份参加股东大会，是职工参与企业民主管理的有效途径。

三是理顺工会与"新三会"之间的关系。工会是维护职工权益、保障职工利益、监督企业经营者合法经营的群众组织。工会是每个公司都必须设立的组织，是员工自愿结合的工人阶级的群众组织，其主要宗旨是维护员工的合法权益。因此，工会不能行使股东大会、董事会、监事会的职权。但董事会、经理层在研究决定有关员工工资、福利、安全生产以及劳动保护、劳动保险等涉及员工切身利益的问题时，应当事前听取公司工会和员工的意见，并邀请工会或员工代表列席有关会议。董事会在研究决定生产经营的重大问题、制定重要的规章制度时，应当听取公司工会和员工的意见和建议，这是保护员工合法权益和企业民主管理的需要。如果董事或董事会的行为侵犯了员工的劳动权益，可通过劳动仲裁或诉讼途径寻求法律保护，并追究行为董事的法律责任。

【混改小百科】

"老三会"职能与"新三会"职能

"老三会"是指党委会、职代会、工会。"老三会"是传统企业制度中的精髓。在国有企业改革前，党委会担负着整个企业的领导、行政以及职工的生活保障等职权，拥有至高无上的决策权、领导权。党委职能主要有：监督国家的方针、政策在企业内部的实施，支持厂长、经理管理企业的行政事务，发动和带领群众进行民主管理以及搞好企业"两个文明"建设。职工代表大会是实施民主管理的基本形式，是工人群众参与企业管理、监督领导干部的权力机构。职代会主要职能是正确处理和协调国家、企业和职工个人三者之间的关系，动员职工努力工作，不断提高企业经济效益，维护职工合法权益等。工会是职工代表大会的常设机构，其主要职责是参与企业民主管理，代表职工与企业签订集体劳动合同，对企业的劳动安全卫生条件进行监督，对公司遵守劳动法律法规的情况进行监督等。

"新三会"是指股东大会、董事会、监事会。"新三会"是现代公司制企业治理结构的主体框架。股东大会是股份公司的最高权力机构。我国《公司法》规定股东大会的主要权限为：决定公司的经营方针和投资计划，选举和更换非由职工代表担任的董事、监事，决定有关董事、监事的报酬事项，审议批准董事会的报告、监事会或者监事的报告、公司的年度财务预算方案和决算方案、公司的利润分配方案和弥补亏损方案，对公司增加或者减少注册资本、发行公司债券作出决议，对公司合并、分立、解散、清算或者变更公司形式作出决议，修改公司章程。董事会是公司法人的经营决策和执行业务的常设机构，经股东大会的授权能够对公司的投资方向及其他重要问题作出战略决策。根据我国《公司法》规定，董事会主要职权有：召集股东大会并向股东大会报告工作，执行股东大会的决议，决定公司的经营计划和投资方案，制订公司的年度财务预算方案和决算方案、利润分配方案和弥补亏损方案，增加或者减少注册资本以及发行公司债券的方案，制订公司合并、分立、解散、清算或者变更公司形式的方案，决定公司内部管理机构的设置、聘任或者解聘公司经理及其报酬事项并根据经理的提名决定聘任或者解聘公司副经理、财务负责人及其报酬事项，制定公司的基本管理制度。监事会是对董事会、董事和经理层等高层管理人员行使监督职能的机关。按照我国《公司法》规定，监事会或不设监事会的公司的监事职权主要有：检查公司财务，对董事、高级管理人员执行公司职务的行为进行监督，对违反法律、行政法规、公司章程或者股东大会决议的董事、高级管理人员提出罢免的建议。当董事、高级管理人员的行为损害公司的利益时，要求董事、高级管理人员予以纠正，提议召开临时股东大会会议，在董事会不履行本法规定的召集和主持股东大会会议职责时召集和主持股东大会会议，向股东大会会议提出提案，依法对董事、高级管理人员提起诉讼。

（三）推行职业经理人制度

发展混合所有制企业，打破了国有企业经营者及员工国有身份的体制束缚，为市场化选人用人奠定了制度基础。混合所有制企业推行职业经理人制度，破除国有企业行政任命制，实行市场化选聘和管理职业经理人，是法人治理运行机制的重大变革，为提升企业治理能力建设开启了一个重要动力源。

《意见》明确指出，按照现代企业制度要求，建立市场导向的选人用人和激励约束机制，通过市场化方式选聘职业经理人，依法负责企业经营管理，畅通现有经营管理者与职业经理人身份转换通道。职业经理人实行任期制和契约化管理，按照市场化分配原则决定薪酬，可以采取多种方式探索中长期激励机制。严格职业经理人聘用期管理和绩效考核，加快建立退出机制。

1. 建立市场化职业经理人制度

在混合所有制企业实行职业经理人制度，对于国有企业产权制度改革和现代企业制度建立具有十分重要的意义。一方面，推进职业经理人制度是国有企业改革和发展的需要。党的十八届三中全会审议通过的《中共中央关于全面深化改革若干重大问题的决定》，对全面深化国资国企改革进行了总体部署，明确指出推动国有企业完善现代企业制度，国有企业要合理增加市场化选聘职业经理人的比例，合理确定并严格规范国企管理人员的薪酬水平和职务待遇。另一方面，建立职业经理人制度是现代企业制度的题中应有之义。在混合所有制企业实行职业经理人制度，不仅可以使国有企业通过市场化方式配置职业经理人，还能够为职业经理人创造机遇和发展平台，培育职业经理人市场。另外，还有利于减少行政干预，避免人情任命，促使职业经理人不断提高素质，适应激烈的市场竞争。

职业经理人是经济发展中的一种特殊的人力资源，一个国家的发展依赖一大批职业化的经营者。我国经济的发展依靠企业，而企业的发展有赖于企业家群体和职业经理阶层的崛起，只有真正意义上的职业化的经理人和企业家才能带领国有企业成为市场竞争的主体，适应激烈的市场竞争，不断增强企业的活力。职业经理人是人才市场中最具活力与前景的阶层，是企业经营管理中最关键的因素。培育成熟的职业经理人市场，建立具有中国特色、符合混合所有制企业发展实际的职业经理人制度是完善企业法人治理结构的重要内容，是增强企业经营活力的能动因素。

+·

【混改小百科】

职业经理人的内涵及特点

职业经理人，是指在一个所有权、法人财产权和经营权分离的企业中承担法人财产的保值增值责任，全面负责企业经营管理，掌握着企业的经营权，运用所掌握的企业经营管理知识以及所具备的经营管理企业的综合领导能力和丰富的实践经验，受聘于雇主（出资人）的职业化的中高层经营管理人员。相对于国有企业行政任命制的经营者，职业经理人是按照市场规则选择和管理的，原则上应该"能进能出、能上能下、优胜劣汰"。

职业经理人的特点是：（1）企业经营权与所有权相分离。职业经理人掌握和运用企业经营权，独立承担企业的经营风险，用自己的劳动获得合理报酬，这是与企业所有者（股东）的根本区别。（2）工作的职业化。职业经理人以经营管理活动作为特定的专业和职业，有其专业化的职业技能与行为规范，其职业标准与成就被社会广泛认同。（3）人才配置的市场化。在国有企业内部，职业经理人已经脱离了国家干部身份，不再使用行政编制，不再由政府任命，其选拔、使用和流动完全通过人才市场竞争和供求关系来解决。

———————————————————————————————————————

2. 推行职业经理人任期制和契约化管理

赋予董事会市场化选人、用人的权力，是建立职业经理人制度的关键内容。从国有企业经营者主要以行政任命的方式产生，到混合所有制企业赋予董事会以市场化方式选择经理层及高管人员的权力，为职业经理人的选择、使用、评价、激励、流动提供了有效的市场化运作机制，为职业经理人提供了可行的施展场所和市场化的发展平台，为形成职业经理阶层提供了制度安排。推行职业经理人制度，应建立制度约束和相应的监督控制机制，用市场化的方式招聘企业经营者。职业经理人的专业素养、以往业绩以及个人信用等，在开放的市场中都是有公开记录的，这样就使企业选人用人有了较可靠的质量保障。

契约管理是基于职业经理人任期期限内合同约定的责权利而进行管理的一种方式。实行契约管理制度对出资人和经理层都有极强的激励约束作用：一方面，经理层与董事会、董事会与出资人签订合同，在明确权力、享受高回报的同时也有责任和风险，他们要求在一定时间内不受干扰地处理公司事务，绩效评价应公平合理，不能无故终止合同；另一方面，出资人和公司董事会、董事会和经理层签订聘用合同，合同中明确董事和经理层职责、任期目标、所拥有的权力和相应的利益，双方根据合同规定的条款进行绩效评估和奖惩。

推行职业经理人任期制和契约化管理，有利于明确责任、权利、义务，严格任期管理和目标考核，保持合理的稳定性和必要的流动性。竞争类企业要按有关规定落实董事会选人用人、考核奖惩、薪酬分配等制度。合理提高市场化选聘比例，在市场化程度较高的企业积极推行职业经理人制度，更好地发挥企业家作用。董事会市场化选聘经理层，要明确选人、用人标准，规范管理办法，完善配套政策，完善董事会发现培养、选拔任用、考核评价、激励约束机制。任期制的建立，使职业经理人能上能下、能进能出，强化了职业经理人的危机意识和责任意识，有利于职业经理人的科学流动和人才资源的优化配置。

【混改小百科】

契约化管理

契约化管理，是指竞聘上岗人员要签订聘用合同确定单位和个人的聘用关系，以法律的形式明确双方责任、权利和义务。它是推行岗位聘任制的核心和关键环节，能够起到约束上岗人员的工作行为、激励人才更好地发挥作用的效果。职业经理人实行任期制和契约化管理，企业与职业经理人签订任期目标考核责任书，以契约的方式明确考核指标、薪酬激励等，未达目标就降薪或辞退。

【典型案例】

上海市管企业领导实施任期制契约化管理

作为上海新一轮国资国企改革的重要一环，突出去行政化的市管企业领导人员任期制契约化管理。

1. 实施任期制契约化管理

"上海国资国企改革 20 条"提出，上海将全面推行国有企业领导人员任期制契约化管理，明确责任、权利、义务，严格进行任期管理和目标考核。

按照设计，其适用范围主要包括：设董事会的市管企业董事长和总经理、副总经理、总工程师、总经济师、财务总监等经理班子成员；未设董事会的市管企业总经理、副总经理、总工程师、总经济师、财务总监等经理班子成员。其中，董事长、总经理每届任期为 3 年，经理班子副职成员的任期由董事会确定，一般不超过本届董事会。市管企业领导人员任期届满，经考核合格的可以连任，但在同一岗位任职时间一般不超过三届。退休年龄最高不超过 63 周岁。在任期届满当年年底至次年年初开始实施任期评价，结果将作为是否续任的主要依据，并作为兑现延期支付薪酬、中长期激励的依据。

2. 三类国企任期目标不同

上海三类不同国企的领导有不同的任期目标。主要领导的目标由市国资委制定，其他班子成员目标由董事会或总经理等确定。

竞争类企业董事长的任期目标，主要包括制定战略规划、科学民主决策、实施风险管控、执行国有资本经营预算、完善公司治理和推动可持续发展等。功能类企业董事长或总经理的任期目标，主要包括执行战略任务、完成重大专项任务、实施风险管理、完成经营效益目标和推动可持续发展等。公共服务类企业董事长或总经理的任期目标，主要包括执行政府决策任务、民生保障、管理效能、服务水平和推动可持续发展等。

除任期制管理外，国企改革强调完善市管企业法人治理结构。根据竞争类、功能类和公共服务类企业的特点，分类健全协调运转、有效制衡的公司法人治理结构，确立法定代表人在公司治理中的中心地位。完善市管企业领导人员考核评价和激励机制，竞争类企业领导人员的薪酬主要由基薪、绩效薪和中长期激励组成。

（资料来源：《解放日报》2014 年 10 月 19 日。）

3. 建立职业经理人激励机制

在混合所有制企业中，推行职业经理人制度，实行市场化的选人用人机制，客观上需要市场化的薪酬制度，需要建立有效的激励和约束机制。职业经理人作为市场中的经济人，他们是追求自身收益最大化的个体，当目标与企业目标一致时，企业收益最大化就是自身的收益最大化；相反，当目标与企业目标不一致的时候，他们可能会为了自身收益的最大化不惜损害企业的利益。为了避免这种情况的出现，在混合所有制企业必须建立完善的职业经理人激励约束机制，实行目标管理、岗位竞争、解聘威胁、构筑有效的信任机制等，要求把他们的收益与企业的未来收益联系起来，实现职业经理人与企业的发展目标相容，进而形成制度化的长期有效激励机制。

职业经理人薪酬的主要构成一般是"工资＋奖金＋长期激

励性报酬"。工资是固定薪酬，与职业经理人的业绩状况无关；奖金是根据当年业绩提取的一部分奖励性薪酬，职业经理人必须达到一定的业绩目标才能获得；而长期激励性报酬，则包括股票或股票期权等形式，一般要在若干年之后才能兑现。长期激励性报酬的本质是其递延性，可以起到锁定经理人为企业的长期利益努力的作用。推进混合所有制经济改革，要科学地设计有效的职业经理人绩效评价及激励规则。混合所有制企业的激励机制可以从以下几方面着手完善：

一是重视薪酬结构的合理化，进行合理的风险控制与规避。企业可以通过提高中长期激励薪酬比例的方式，在吸引和留用人才的同时，适当减轻企业当期成本压力，进一步优化薪酬结构。对于职业经理人实行多元化的年薪制，职业经理人薪酬的构成主要是基本年薪、效益年薪和奖励年薪，结合中央规范国有企业高管薪酬的文件规定，积极探索长期激励机制，做好制度设计。

二是对中长期激励所采用的方式，应从简单的以市场化价值结果转而设定明确的、可衡量的内部绩效目标。而在高管的绩效评估方面，公司董事会和股东一方面要关注公司盈利水平和股价表现，另一方面还要关注公司账面利润的真实性、可靠性与公司运营的安全稳定性。因此，公司在评估职业经理人绩效时，应对重要经营活动设置安全边界、风险安全性指标及必要的社会责任指标，以保证评估的真实有效。

+·+

【混改小百科】

股票期权

股票期权（Stock Option）又称为认股权证，实际上是一种看涨期权。它指的是公司给予员工（主要是高级经理人员）的一种权力。期权持有者可凭借权力在一定时期内（一般是3—10年）以一定价格（施权价）购买公司股票。由于在有效市场中，股票价格是企业长期盈利能力的反映，也是股票期权的价值所在，而股票期权至少在一年以后才能兑现，职业经理人只有努力改善公司的经营管理，以保持公司股价的长期稳定，才能获得效益。正是股票期权的这种特点才使其具有长期激励的功能，较好地解决了所有者与职业经理人之间的利益矛盾。

+·+

三是注重精神激励。在物质激励的基础上，注重职业经理人在成就感、社会认可度等方面的追求，并完善相关配套制度，让其在工作中得到发展和成长。

4. 建立职业经理人退出机制

建立职业经理人退出机制是市场资源有效配置和改进制度环境设计的重要组成部分，只有引入真正的竞争和淘汰机制，才能让企业人才这潭"水"活起来，增添新的生机。有效的约束及退出机制，可以提高职业经理人的工作效能，增加企业内生动力。

职业经理人的契约管理是完善职业经理人约束及退出机制的重要路径。建立职业经理人制度贵在"职业"而不是"官位"，重点就是"去行政化"，从根本上废除国有企业经理人员的国家干部身份和行政任命制。实行选聘制，引入竞争、更新和淘汰机制，促使官员化的经理人走向职业化、市场化，使他们的价值通过企业经营业绩来体现，让他们的命运与企业命运相联系。从目前来看，资本运营公司和投资公司等领导人近期内可能仍由行政任命，待条件允许便可逐步推进职业经理人制度。企业层面的高管应实行职业经理人制度，市场化选聘和退出。职业经理人和出资人是双向选择，双方都可以按照自己的意愿选择对方，出资人可以解聘职业经理人，职业经理人也可以自由流动。解聘和流动必须依据契约和法律来进行，要依法建立以合同管理为核心、以岗位管理为基础的市场化用工机制，逐步建立反映劳动力市场供求关系和企业经济效益的市场化薪酬决定及增长机制。

【资料链接】

对国有企业领导人员实行与选任方式相匹配、与企业功能性质相适应、与经营业绩相挂钩的差异化薪酬分配办法。对党中央、国务院和地方党委、政府及其部门任命的国有企业领导人员，合理确定基本年薪、绩效年薪和任期激励收入。对市场化选聘的职业经理人实行市场化薪酬分配机制，可以采取多种方式探索完善中长期激励机制。（《关于深化中央管理企业负责人薪酬制度改革的意见》）

【典型案例】

中国建材集团积极探索建立职业经理人制度

中国建材集团是一家靠联合重组快速发展起来的企业。近年来，企业积极探索建立职业经理人制度，目前已形成有着1200多人的职业经理人队伍，既有效解决了人才短缺的难题，又激发了人才队伍的活力，为企业竞争发展提供了坚实的人才保障。同时，企业在多渠道选聘职业经理人、适度差异化管理职业经理人、优化职业经理人发展软环境等方面进行了富有成效的探索。

在多渠道选聘职业经理人方面，一是按照市场化原则，采取专才选聘和公开招聘的方式。成立专项小组，对同行中高端人才建立了"搜索评估—推荐人选—确定目标—谈判聘用"的专才选聘机制。同时，充分借助市场中介力量，与多家猎头公司建立密切合作关系，扩大选聘渠道。对部分中层及中层以下职位，加大公开招聘力度。二是注重整合搭建重组企业管理团队向职业经理人转化的平台。近年来，中国建材集团联合重组了337家企业。这其中既有国有企业，也有民营企业。为留住优秀人才，中国建材集团注重提供更广阔的职业平台，甚至保留一定股权，努力吸引他们以职业经理人身份参与到中国建材的事业发展中。三是构建现有人员向职业经理人转化的内部培养机制，提升职业化素养。在适度差异化管理方面，在职业经理人市场发展尚不成熟的现阶段，对国有企业管理人员与市场化职业经理人员采取求同存异的差异化管理原则，按照"两个相同、三个不同"对职业经理人实施管理。"两个相同"即职业经理人与非职业经理人遵循相同的企业管理制度，享受除薪酬之外相同的奖惩、福利、培训等相关待遇。"三个不同"主要表现为对职业经理人实行契约化管理、强化以经营绩效为关键要素的考核、实行相对市场化的薪酬激励标准。中国建材集团在加快企业发展、搭建事业平台、构建留住人用好人基础的同时，在发挥企业文化感召力、加强素质培养、坚持人文关怀上，努力营造职业经理人真正融入企业发展的良好环境。

（资料来源：晓甘主编《经营方略·宋志平管理精粹》，企业管理出版社2013年版。）

合肥市积极探索职业经理人制度

近年来，合肥市国资委大力推进国有企业高管选拔任用体制机制改革，积极探索建立职业经理人制度。其做法具有以下特点：

一是实行契约化管理，实现由"任命制"向"聘任制"转变。打破国有企业"机关化""行政化"的倾向，全面推行领导人员聘任制和任期制。聘任制和任期制的建立，使企业领导人员能上能下、能进能出，强化了企业领导人员的危机意识和责任意识，推进了领导人员的科学流动和人才资源的优化配置。二是实行经营目标责任制，实现由"上级考评"向"经营业绩"转变。根据各企业的规模、类型、所属行业、发展状况等不同情况，分类制定经营责任指标，对其业绩完成情况进行考核，根据考核结果兑现年薪。三是采取市场化方式选拔，实现由"伯乐相马"向"赛场选马"转变。坚持党管人才与市场化选聘相结合原则，面向社会，拓宽渠道，敢于打破身份、地域、行业等界限，不拘一格选人才，实现了企业选人、用人的多项选择。四是实施"交流轮岗",实现由"系统内流动"向"跨系统轮岗"转变。在推动企业改革过程中,结合企业购并重组,加大企业负责人的交流力度。

为完善职业经理人体系建设,第一,强化制度顶层设计。按照市场化要求,建立科学的职业经理人选聘制度,实行公开招聘,竞聘上岗。明确董事会对职业经理人的职责界定,让职业经理人能够自主行使董事会赋予的经营管理权限,充分调动职业经理人的积极性、主动性和创造性。建立职业经理人的退出机制。实行职业经理人和出资人双向选择制度,按照聘任合同约定,以资本管理和经营业绩为核心,建立解聘退出机制。第二,注重培育完善市场体系。降低准入门槛,鼓励引导社会资本投资兴办职业经理人中介服务机构,通过信息发布引导经理人合理流动,通过教育培训提高经理人的能力素质。同时,逐步建立一套业务独立、运作规范、手段先进、方法科学的社会中介评价体系,加大对中介组织的监管,规范其运作行为,营造竞争有序、公平合理的市场环境。第三,规范激励约束机制。对于职业经理人实行多元化的年薪制。职业经理人薪酬的构成主要是基本年薪、效益年薪和奖励年薪,结合中央规范国有企业高管薪酬的文件规定,积极探索长期激励机制,做好制度设计。注重精神激励。在给予物质激励的同时,注重国有企业职业经理人在成就感、社会认可度等方面的追求,并完善相关制度。

(资料来源:中国合肥门户网站,2014 年 9 月 30 日,www. hefei. gov. cn。)

七、混合所有制企业员工持股

允许探索混合所有制企业员工持股有利于进一步优化国有企业股权结构，改善公司治理水平，提高企业运行效率。作为中央企业薪酬制度改革的有益补充，员工持股也能够更好地推进国有企业高管薪酬市场化。但是，若操作不当，也容易存在利益输送，造成国有资产流失。因此，混合所有制企业探索实行员工持股一定要慎重，应该有选择、有限制、有步骤地实施，并严格、规范地操作。

（一）员工持股重启

1. 发展历程及特点

20 世纪八九十年代，伴随着我国国有企业改革和股份制经济发展，员工持股开始试行，并经历了产生、发展到暂缓、停滞和再发展的历程。在管理层面，由于实施员工持股时存在操作不规范、激励效果不明显等问题，国资委曾两次对中央国有企业实行员工持股进行清理规范和限制。

✦┼✦

【混改小百科】

什么是员工持股

员工持股计划（Employee Stock Ownership Plan，即 ESOP）是指企业为了吸引、留住和激励员工，通过让员工持有企业的一定股份而使员工享有剩余索取权的利益分享机制和拥有经营决策权的参与机制，它是一种特殊的激励计划。ESOP 起源于美国，后逐渐在欧洲、日本和新加坡等国家推行，经 20 世纪七八十年代的迅速发展，成为国外众多企业所青睐的一种有效吸引和留住人才的长期激励手段和方式。

纵观各国员工持股的种类，形式多样、内容繁杂，且各具特色。依据不同标准，员工持股有以下几种分类：

根据企业推行员工持股的目的，可分为福利型、风险型和集资型。这三种类型的员工持股都有激励员工的作用，不同之处在于：福利型的员工持股，侧重于把员工持股同养老和社会保险结合起来，为员工增加收益，从而解除员工退休后的后顾之忧，起到激励员工长期为企业尽心尽力工作的作用，不足之处是易使员工产生福利收益固化的思想，不利于发挥其应有的激励作用。风险型员工持股，主要通过员工出资购买或以降薪方式换取企业股份，同时往往规定较长期限内不能转让兑现来建立风险共担、利益共享的机制，但风险较大、时间较长，可能使员工对预期的收益目标失去信心。集资型的员工持股，初衷是企业通过让员工出资来缓解资金不足的困难，实现个人利益与企业发展的结合，通常多被那些经营缺乏资金，一时又难以通过贷款解决的中小企业采用。

根据员工持股的资金来源方式,可分为融资型和非融资型两种。融资型的员工持股主要是利用信贷杠杆来实现。这种做法涉及员工持股(基金)会、公司、公司股东和银行四方面。首先,成立一个员工持股计划信托基金,然后由公司担保,由该基金会出面,以实行员工持股的名义向银行贷款购买公司股东手中的部分股票,购入的股票由员工持股(基金)会掌握,并利用因此分得的公司利润及公司其他福利计划中转来的资金归还银行贷款的利息和本金。随着贷款的归还,按事先确定的比例将股票逐步转入员工账户,贷款全部还清后,股票全部归员工所有。非融资型员工持股是指员工持股不利用银行贷款,而是直接由企业向员工持股(基金)会提供一定数量股票或一定资金用于购买企业股票。

根据持股形式不同,可分为员工直接持股、以员工持股会名义持股、组建投资公司持股和信托方式持股四种类型。以员工持股会名义持股,是我国以前在国有企业员工持股中较通行的做法,一般是成立员工持股会,员工获得股份后以持股会的名义持股。

以往国有企业实施员工持股主要呈现出以下特点:从员工持股实施的对象来看,中小企业多于大型企业。我国员工持股是在集体经济和国有经济改革的过程中产生和发展的,而集体企业和从国有企业中退出的企业大多属于中小企业。对于大型企业来说,多数省市原则上规定员工持股制度只在竞争性行业的国有企业中实行,垄断性企业不实行员工持股制度。从员工持股的设计来看,具有很强的自发性、地方性。员工持股制度仍然处在缺乏法律政策支持的自发性制度创新阶段,法律法规的建设明显落后于员工持股制度实践的发展。从员工持股的资金来源来看，以个人出资为主，其他形式为辅。在员工持股实践中，几乎所有省、市、部门的员工持股暂行规定都很明确，员工持股的资金"以员工个人出资为主"，有的地区还具体规定"个人现金出资不低于60%"。其他出资形式，如银行贷款、净资产增值奖励、专利等技术成果折股等，在实践中并不多见。从员工持股的载体来看，呈现多样化格局。在实践中，多数省份规定员工持股要通过建立员工持股会或类似机构进行；有的企业由员工本人以自然人身份直接持有；有的企业委托证券经营机构管理；有的由持股员工成立的有限责任公司作为组织管理者。从员工持股的功能来看，强化了集资和获利，弱化了激励和参与。

2. 以往实践中的问题

当时的员工持股虽名为试点，但实际范围已经非常广泛，全国出现了一大批定向募集公司，并且绝大多数都有内部职工股。同时，还有相当一批未经批准擅自试点的企业。由于当时试点无序，出现了操作不规范、激励效果不明显等诸多问题。并且，由于操作变相和不规范，造成了管理层借机腐败和职工利益受损，导致了国有资产的大量流失，因此，国家已经要求各地停止员工持股的审批。

+·+

【深度解读】

以往员工持股实践的突出问题

操作不规范。发行内部职工股超比例、超范围，出现一部分关系股和权力股；没有从严把关企业股票的去向，有冒充内部员工持有企业股份并抛售获利的情况，造成国有资产流失；部分国有企业在实施员工持股时，对持股员工辞职、调动、退休或者合同到期等情况没有制订合适的股份处置方案，常常引起股权纠纷，严重的甚至影响了企业经营；有的国有企业进行员工持股的目的是筹集资金，采取摊派的形式威胁员工，若员工不购买就面临下岗。

激励效果不明显。部分国有企业在推行员工持股计划时，出资入股的方式具有"平均主义"色彩，导致员工持股比例过低，在一定程度上打击了员工的积极性，从而使得激励作用不明显；还有部分国有企业把员工持股的激励作用转变为了福利作用。在股份制企业的内部员工持股中，有些企业由于没有对流通转让作出限制，使员工易受上市获利的诱惑，造成员工持股成了谋取短期福利的手段，未能形成"资本共有、利润共享、风险共担"的利益共同体；即使在成立员工持股会的企业，持股员工也由于外部缺乏法律政策支持和内部缺乏有效的参与机制而难以参与企业决策和管理，使员工持股的激励作用不够明显。

（资料来源：根据相关资料整理。）

·+·

3. 重启员工持股的意义

近年来，员工持股又得到了重启。党的十八届三中全会明确提出"允许混合所有制经济实行企业员工持股，形成资本所有者和劳动者利益共同体"。2014年，国务院发布资本市场新"国九条"，提出"完善上市公司股权激励制度，允许上市公司按规定通过多种形式开展员工持股计划"。随后，中国证监会发布实施《关于上市公司实施员工持股计划试点的指导意见》，对员工持股计划进一步规范指导。上市公司员工持股计划逐步从无到有，呈积极发展态势，一些地方国有控股上市公司均积极开展了员工持股的改革实践。与此同时，在地方国有企业改革方案中，如上海、广东等地也明确支持企业经营管理者、核心技术人员和业务骨干采取多种有效方式持股。山东提出以形成资本所有者和劳动者利益共同体为导向的改革方案，积极探索混合所有制企业员工持股的多种形式。湖北则提出对各类适合员工持股且员工也愿意持股的地方国有企业，均应允许员工个人出资或以投资公司、股权信托、有限合伙企业等方式持股。

允许探索混合所有制企业员工持股有积极意义，也势在必行。首先，有利于进一步优化国有企业股权结构，推动国有企业混改步伐。对国有企业引入社会资本，实行企业高管、关键岗位的经营管理人员、技术核心人员直接持股或以某种方式间接持股，形成国有股、非国有股、员工持股的"三足鼎立"之势，能够促进产权结构多元化，进一步推动国有企业混合所有制改革。其次，有利于完善企业法人治理结构和改善公司治理水平，提高企业运行效率。实施员工持股，将决定企业核心竞争力的人才资源紧紧地同企业自身的命运与发展结合在一起，让员工拥有股东的身份，使国有企业拥有了实在的所有权约束主体，有助于优化国有企业法人治理结构。同时，通过股权的激励，能够增强员工对公司长期发展的关切度和管理的参与度，进一步规范企业的管理体制和运行机制，不断改善公司治理水平。另外，通过实施员工持股，形成相互制衡、利益共享、风险共担机制，发挥各方的优势，调动各方的积极性，能够挖掘企业内部成长的原动力，提高骨干员工的凝聚力，将有助于改善国有企业经营效率，提升国有企业的竞争力和盈利能力。最后，作为中央企业薪酬制度改革的有益补充，探索实行混合所有制企业员工持股，可以更好地推进国有企业高管薪酬市场化，对其实施更有效的激励和约束。

【权威表态】

国资委原副主任邵宁：员工持股可以激发企业内生动力

员工持股是给员工戴"金手铐"，既体现对风险的责任，又能让员工个人价值得以彰显，但不能是给员工的福利。与全员持股相比，采取管理层和技术、业务骨干持股有利于稳固公司核心团队，激活企业发展内生动力。

（资料来源：《过半省份出台国企改革方案：混合所有制该怎么"混"》，2014 年 8 月 25 日，http：//news.hexun.com/2014 – 08 – 25/167829822.html。）

（二）试点先行

《意见》明确指出，探索实行混合所有制企业员工持股，明确了国有企业混合所制改革和员工持股的先后顺序，并提出要通过试点稳妥推进员工持股。正确的理解应该是国有企业混合所有制改革后，可以探索实施员工持股，要坚持试点先行、稳妥推进的原则，首先选择符合条件、基础较好的企业先行先试，在取得经验基础上稳妥推进，有序扩大范围，通过实行员工持股建立激励约束长效机制。因此，并非有人所说的在国有企业改革中大范围、一阵风式地推进员工持股，而是先行先试、有序推进，重在使改革取得真正的实效。试点企业的确定应该由一级企业（履行出资人职责机构所监管企业，下同）向履行出资人职责机构提出申请，经审核同意后确定试点企业名单。一级企业选择混合所有制企业开展员工持股试点时一定要严格控制试点范围。

【政策直通车】

探索实行混合所有制企业员工持股。坚持激励和约束相结合的原则，通过试点稳妥推进员工持股。（《关于国有企业发展混合所有制经济的意见》）

（三）持股方式

《意见》明确提出，要以增资扩股、出资新设等增量方式试点推行混合所有制企业员工持股。同时，在试点中还需正确把握出资方式、买入价格、股份管理、持股比例等关键问题，保障顺利且规范地推进混合所有制企业员工持股试点。

1. 如何出资入股

《意见》明确了员工持股出资入股的方式，指出员工持股主要采取增资扩股、出资新设等方式。这说明目前试点推行的混合所有制员工持股主要采取增量带动的方式，注重分享增量利益，而存量方面如大股东无偿捐赠、定向转让等方式不在试点范围内。员工在出资入股时，国有股东及企业不得违规低价折股，而且不得为员工持股提供借款或垫付款项，不能向持股员工提供担保、抵押、质押、贴现等任何形式的资助，也不得要求与本企业有业务往来的其他企业为员工持股提供借款或融资帮助，否则容易产生"暗箱"操作和利益输送，造成国有资产流失。

具体来看，增资扩股的方式主要是员工直接投资入股企业，扩大混合所有制企业的总股本，增加企业的资本金，最终调整股东的结构和持股比例。企业增资属于重要事项，必须经过股东（大）会决议（需经代表三分之二以上表决权的股东通过），增加的注册资本要经过会计师事务所验资，同时变更公司章程，并办理相应的变更登记手续。

【资料链接】

增资所需材料清单

- ▶ 营业执照正副本原件
- ▶ 组织机构代码正本原件
- ▶ 税务登记证正本原件
- ▶ 公章、财务章、人名章
- ▶ 法人身份证原件
- ▶ 原公司章程
- ▶ 原验资报告复印件
- ▶ 开户许可证原件

（资料来源：根据相关资料整理。）

出资新设主要是指试点推行员工持股的企业与持股员工共同出资新设企业，即通过向特定对象募集的方式设立公司，引入员工持股。应该注意，试点企业购买员工持股企业的产品和服务，或者向员工持股企业提供设备、场地、技术、劳务等，应采用招投标等市场化的方式，做到价格公允。

目前，持股员工应该以现金出资为主，科技型企业员工按照国家有关规定还可以专利技术等知识产权出资入股，现阶段还不允许以银行贷款、净资产增值奖励等方式出资入股。以现金出资的，应及时到位；以知识产权出资的，员工应该提供所有权属证明并依法评估作价，及时办理产权转移手续。

2. 以何等价格购买股份

员工入股价格涉及员工切身利益，应按照国有企业改制、企业国有产权转让管理等有关规定，以经核准或备案的资产评估结果作为主要依据。上市公司员工入股价格按照《证券法》及监管规章的有关规定执行。

+—+—+—+—+—+—+—+—+—+—+—+—+—+—+—+—+—+—+

【资料链接】

企业国有资产评估项目需备案

企业发生需要进行资产评估的经济行为时，应当按照《关于规范中央企业选聘评估机构工作的指导意见》（国资发产权〔2011〕68 号）等文件规定聘请具有相应资质的评估机构。在资产评估项目开展过程中，企业应当就工作情况及时通过企业资产评估管理信息系统向备案管理单位报告，包括评估基准日选定、资产评估、土地估价、矿业权评估和相关审计等情况。必要时，备案管理单位可对资产评估项目进行跟踪指导和现场检查。

（资料来源：《企业国有资产评估项目备案工作指引》，国务院国有资产监督管理委员会 2013 年 5 月 10 日发布。）

+—+—+—+—+—+—+—+—+—+—+—+—+—+—+—+—+—+—+

3. 如何管理员工持股股份

员工持股的管理可以多样化，员工既可以个人名义直接持股，也可通过持股平台，如公司制企业、有限合伙制企业、员工持股计划等，以及法律法规允许的其他方式持有企业股权。持股平台应主要从事员工所持股权的管理，不得从事其他经营性活动。上市公司可以自行管理本企业的员工持股计划，也可以将员工持股计划委托给信托公司、保险资产管理公司、证券公司、基金管理公司等具有资产管理资质的机构管理。

表1　不同员工持股方式的比较

方式	员工个人持股	商业信托持股	企业法人持股
股权集中程度	分散	集中	集中
适用法律	《公司法》、《合同法》	《合同法》、《信托法》	《公司法》
员工出资方式	员工与企业签订	员工与信托投资公司签订资金信托合同	通过壳公司间接出资
名义股东	——	信托投资公司	壳公司中的股东代表
对企业决策影响程度	弱	强	强
股东权益实现	个人行使股东权利	信托公司拥有经营管理等股东权利；员工享有信托受益权，包括知情权、决策权、收益权、信托财产分配权等	股东代表集中行使股东权利；员工享有间接表决权、收益权
操作程序烦琐程度	简单	较复杂	复杂

4. 员工持股比例为多少

混合所有制企业全部有效的员工持股比例以及员工个人持股比例的最高上限应该严格遵守混合所有制企业实行员工持股试点的有关工作要求。在持股方案确定的持股比例限额内，由员工自愿确定实际入股份额，员工持股的股票总数不包括通过二级市场自行购买的股份。混合所有制企业在具体确定持股比例时，应充分考虑未来员工持股的实施，可适当预留相应股份。

【资料链接】

广东员工持股的比例问题

广东国资委下发的《体制机制创新试点企业相关工作说明》，对员工持股的细则首次加以明确说明。该说明指出员工持股不等于全员持股，并明确了员工持股的总比例不超过20%和个人持股比例不超过5%。同时提出了入股资金可分期付款，而员工自有资金出资不得低于出资额的30%，剩余参股资金可通过信托、股权质押等方式向金融机构等筹集，利息费用由个人承担，试点企业不得为员工融资提供保障。

（资料来源：《体制机制创新试点企业相关工作说明》，广东省国有资产监督管理委员会2014年9月发布。）

5. 员工持股如何分红

恰当的股份分红能够有效激励员工的积极性，企业应合理确定分红率，处理好股东短期收益与资金积累关系，这将有利于企业的长远发展。但应该注意，员工持股分红存在禁忌，国有股东不应该向员工承诺持股的年度分红回报或设置托底回购条款，另外持股员工不得优先于国有股东和其他股东取得分红收益。

（四）持股范围

《意见》强调了混合所有制企业员工持股实施的重点领域和重点人员，明确了科技企业的技术人员和管理人员是持股的中坚力量。这进一步说明探索国有企业混合所有制改革实施员工持股，其目的是解决国有企业活力和创新力还不能适应结构升级和动力转换特别是创新驱动新要求的问题，是进一步激发企业活力和创新能力的重要举措。

【专家观点】

臧跃茹：什么样的国有企业和员工可以实施员工持股

国家发改委市场所臧跃茹所长指出，国有企业推进员工持股一定要慎重，有选择、有限制地进行员工持股是国有企业实施员工持股的基本原则。具体是：

在国有企业与混合所有制企业选择中，仅在改制为混合所有制企业后进行员工持股。

在垄断行业与竞争性行业选择中，仅在竞争性行业考虑员工持股。

在国有企业经营主业和辅业选择中，仅在辅业改制、资产剥离中考虑员工持股。

在资本密集型与人力资本贡献大的知识密集型领域中，仅在知识密集型企业中考虑员工持股。

在全体职工与部分骨干人员持股选择中，选择经营管理层、技术业务骨干持股为好。

因此，重点可在科研院所公司化改制、少数知识产权贡献大的高新技术企业率先实行员工持股，形成金融资本与人力、技术资本等要素融合发展，进一步激发企业发展的内生动力和创新力。

1. 混合所有制企业实行员工持股的重点领域

《意见》明确指出，优先支持人才资本和技术要素贡献占比较高的转制科研院所、高新技术企业和科技服务型企业开展试点。因为这类重点领域企业基本上处于充分竞争领域和行业，且具备较为完善的治理结构和市场化的运营机制。同时，人才的作用较为凸显。另外，上述重点领域的企业具有高成长特点，产品附加值较高，员工对企业有良好的预期。在这类重点领域实施员工持股能够对员工产生很大的吸引力，通过实现企业成长与股权激励的紧密结合，能够使员工的付出获得回报，同时进一步激发国有企业的活力和创新力。

目前，资源型、政策性、垄断性较强的企业不能开展员工持股，因为若在这些领域开展试点，容易造成利益输送、国有资产流失，变成少数内部人谋利的手段。同时，原则上一级企业暂不能开展员工持股试点。另外，以上市为目的改制设立的股份有限公司，自发起设立至首次公开发行上市期间，不能引入员工持股。因为我国股票公开发行上市价格与非公开认购的股票价格通常存在巨大的差价，这很容易使得员工持股成为公司内部人不当套利的工具或进行非法证券交易活动的手段。

+·+

【深度解读】

试点企业的基本条件

▶ 股权结构合理，非公资本达到一定比例；

▶ 管理制度健全，建立了现代企业制度以及市场化业绩考核评价体系；

▶ 主要从事竞争性业务。

+·+

2. 混合所有制企业实行员工持股的重点人员

什么样的员工可以参加员工持股？持股员工原则上为与本企业签订劳动合同的正式员工。目前，探索的员工持股不是全员持股，而是重点支持对企业经营业绩和持续发展有直接或较大影响的科研人员、经营管理人员和业务骨干等持股，避免人人持股、平均持股、福利持股。转制科研院所、高新技术企业和科技服务型企业发展在很大程度上依赖于科研人员、经营管理人员和业务骨干的创造性劳动，这种创造性劳动与企业发展不可分割地联系在一起。而且这类重点人员除了对财富的追求外，同样重视事业的成就感和自我价值的实现。所以，选择这类重点人员实施员工持股，能彻底将人才资源紧紧地同企业的命运与发展结合在一起，通过这种恰当的股权激励，能够增强这类员工对公司长期发展的关切度和管理的参与度，有利于构建"资本共有、利润共享、风险共担"的利益共同体，以此更好地通过激励促进企业业绩提升和持续发展。

另外，参与持股的员工仅能够持有本企业的股权，组织任命的国有企业负责人不能持股，履行出资人职责机构或国有股东选派的外部董事、外派监事也不得持股。

·+·

【深度解读】

平安员工持股范围

2015 年 2 月 6 日，中国平安发布公告称，公司核心人员持股计划在 2015 年第一次临时股东大会上以 97.43% 的高票得以通过。此次持股计划的覆盖范围包括中国平安集团及下属子公司中对公司整体业绩和中长期发展具有重要作用的核心关键人员。公告表明，此持股计划的资金来源为计划持有人的合法薪酬和业绩奖金额度，而持股计划的投资范围为购买和持有中国平安的股票。此次持股计划拟委托资产管理机构招商证券设立资产管理计划，且持有股票总数累计不超过公司总股本的 10%，单个持有人累计所获股份权益对应的股票总数累计不超过总股本的 1%。目前，该持股计划拟覆盖约 1000 名核心人员，鼓励管理层及骨干员工自愿以其薪酬及业绩奖金增持公司股票。这将减少他们的当期现金收入占比，强化长期价值导向，使核心人员更紧密地与股东、公司利益保持一致，专注公司业绩持续增长。

在拟覆盖的 1000 名员工中，超过 80% 的人员是集团及专业公司部门负责人等中层主管，还包括部分资深的专业技术骨干。在征得员工同意后，其部分薪酬和业绩奖金将转入该计划，并设立不少于 12 个月的锁定期，结束后分三年挂钩公司业绩归计划持有人所有。

若按中国平安 91.4 亿元的总股本计算，公司员工持股计划累计购买股份的上限将高达 9.14 亿股。该部分股份对应当天收盘价66.31元的市值合计将达606.07亿元。中国平安的员工持股计划也因此将成为A股市场规模最大的一次员工持股计划。

（资料来源：《平安员工持股计划称雄A股，央地国企加速度破冰》，2015年2月9日，http：//business. sohu. com/20150209/n408849780. shtml。）

（五）规范操作

根据《意见》，目前探索实行混合所有制企业员工持股，需要通过健全审核程序、规范流程、严格评估等措施以及规则清晰、过程公开等办法予以推进，严禁"暗箱"操作，防止利益输送和国有资产流失。

【政策直通车】

完善相关政策，健全审核程序，规范操作流程，严格资产评估，建立健全股权流转和退出机制，确保员工持股公开透明，严禁暗箱操作，防止利益输送。（《关于国有企业发展混合所有制经济的意见》）

1. 健全审核程序，防止内部人控制

一级企业需要建立健全审批管理制度，规范履行内部决策程序，同时该制度还需要报履行出资人职责机构备案。一级企业负责审批所属各子企业的员工持股试点方案，并负责指导和监督各子企业实施，切实防止内部人控制。

【混改小百科】

什么是内部人控制

内部人控制（Insider Control）是在现代企业中所有权与经营权（控制权）相分离的前提下形成的，由于所有者与经营者利益的不一致，由此导致了经营者控制公司，即"内部人控制"的现象。筹资权、投资权、人事权等都掌握在公司的经营者手中即内部人手中，股东很难对其行为进行有效的监督。由于权力过分集中于"内部人"，股东及其他利益方的利益将会受到不同程度的损害，这也是造成国有企业腐败"窝案""串案"频发的原因之一。

2. 规范操作流程，确保公开透明

为进一步规范员工持股的操作流程，一方面，被选中的试点企业应按照混合所有制企业实行员工持股试点的有关工作要求制定员工持股方案，方案中需要对持股人员的范围、持股的期限和比例、资金和股份来源、股份的日常管理机构、新增退出、收益提取等作出明确的规定。

另一方面，还需确保员工持股公开、透明。试点企业在员工持股方案制定过程中需征求普通员工、外部董事、职工董事的意见。同时，方案相关内容应在企业内部充分披露，充分保障职工对企业改制的知情权、表达权和监督权。国有控股上市公司应严格遵守高级管理层股权变动的信息披露要求。

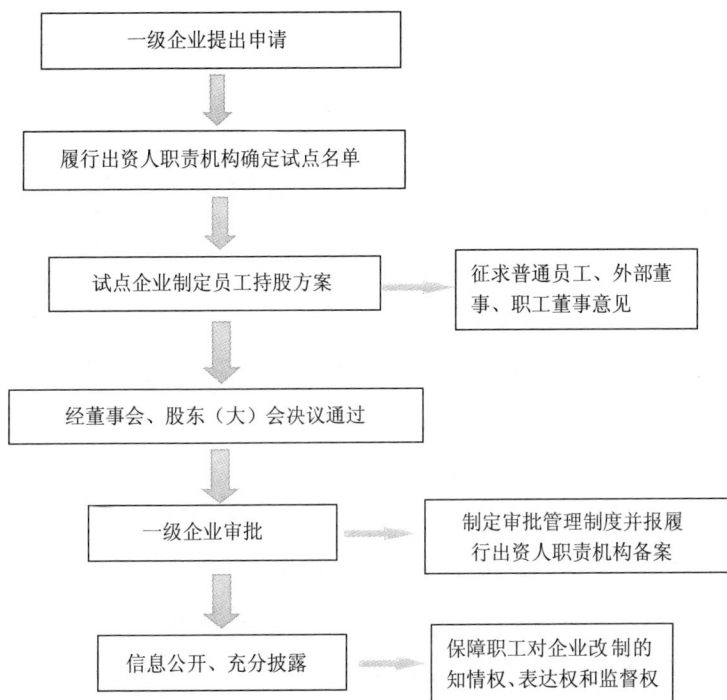

图1 试点企业实施员工持股操作流程

3. 加强监督，避免"暗箱"操作

加强对混合所有制企业实施员工持股的监督，规范其操作行为，避免利益输送、国有资产流失。一方面，要充分发挥企业内外部监督机构的作用。同级国资管理部门要对企业实行员工持股情况进行专项检查，确保员工持股规范操作、协调运转。另一方面，可建立第三方监督机制。混合所有制企业在实施员工持股中，可采取公开竞争方式引入第三方机构，杜绝不规范持股行为导致国有资产流失现象的发生，同时也要加强对第三方机构的约束和监管。

4. 健全退出机制，保障员工利益

处理好员工股权退出问题是规范员工持股、推进员工持股顺利进行的关键，《意见》中也明确要求要建立健全退出机制。一般来讲，非上市公司员工所持股份应在企业内部封闭运行，不适宜对外转让。员工与公司终止劳动关系时，应在离开工作岗位的一定期限内将股份转让给企业内部符合条件的员工、国有股东或持股平台公司。混合所有制企业应针对调任、退休、辞职、死亡以及违纪开除等不同原因设计不同的退出机制。员工持股正常退出企业的情况，如员工退休、生病、死亡等，员工可根据持股方案或规则要求公司收购其持有的股份，转让价格可以上一年度审计后的净资产值为基础进行确定。公司应该预测近期将要退出的员工数量，提前做好资金准备，在资金压力确实较大时，可以与员工协商支付的具体形式和时间。若员工辞职，股份回购价格可以高于员工购股价，但应该低于员工退出时确定的资产转让价格。若员工违纪被开除，将无法获得当初购股价款。另外，上市公司员工转让股份应按照证券监管相关规定办理。

5. 引导正确舆论，建立责任追究制度

为消除社会及政府部门和企业职工队伍对于员工持股的认识误区，应引导正确舆论，理性看待混合所有制企业员工持股问题。既不能因为以前国有企业员工持股在实践中存在的问题而轻易否定这一制度，也不能盲目乐观，而应该通过学习和借鉴国外的有益经验，并在一定的制度框架内解决前一阶段实施中存在的问题，才能使这一制度真正发挥积极的作用。政府有关部门应做好服务工作，为实施员工持股制度的混合所有制企

业提供指导和帮助，以便在遇到执行问题时可以迅速作出反应，并按照标准程序继续进行工作，提高实施效率。同时做好员工宣传。对员工进行股份制改造的基本知识、员工持股方面的政策法规、员工持股管理和参与公司利润分配及投资风险的教育，保证员工持股运作成功。

【他山之石】

美、日、英员工持股的启示

世界各国积极推行的员工持股制度存在多种模式，其中具有代表性的国家有美国、日本和英国等。从美国、日本、英国的员工持股制度，可以得到以下几点借鉴与启示。

一是资本共同体与利益共同体"合二为一"。国外员工持股制的成功经验表明，西方国家一直都在努力探求企业制度的创新。在对企业制度的创新过程中，它们非常重视吸引员工共同参与对企业的投资，以形成广大员工同企业经营管理者的资本共同体和利益共同体，给予员工一定的经济权利和经济民主，使他们能够以合法的身份在企业的经营管理中行使发言权和利润分配权，从而对企业产生某种程度的认同感和责任感。而将员工的工作努力与其收入挂钩、企业的盈利和员工的收益直接结合等，也有效地提高了劳动者工作和创造的热情。

二是强大的法律支持。法律规制对员工持股的意义非常重大，极大地推动了员工持股的发展。例如，美国有最完善的关于员工持股的立法。美国的员工持股计划在20世纪70年代以前基本停留在理论家们的实践试验阶段，当时全国只有300余家企业进行了员工持股计划。1974年，美国通过《员工退休收入保障法案》《税制改革法》《企业就业保护法》《赋税人信任法》等20余个相关法律，规范和促进了员工持股的开展。20世纪90年代，实行员工持股的企业已经发展到约12000家。

三是员工持股具备可操作性。国外关于ESOP都有着一套严密而详细并能够适应市场经济的实际运行方法。

四是严格限制员工股的转让。几乎所有推行员工持股制度的国家和企业，都严格地限制员工股的转让，一般是若干年以后才能取得其全部股份。美国规定5—7年，英国规定5年。在这之前离开，员工将有较大的损失。

五是专门机构实行统一管理。各国对员工持有的股份基本上都通过专门、专业的机构实行统一管理。管理员工股的机构主要有两类，即"内部"管理机构和"外部"管理机构。内部管理机构，就是在企业内部设立员工持股委员会，并由其管理本企业的员工股。员工自愿加入而成为该委员会的会员，可以每月从工资和奖金中扣缴一部分作为购买股票的出资。员工持股委员会用其积累的资金购买本企业的股票，并按比例记入会员员工账上。外部管理机构是独立于企业之外的合法实体，即信托基金会。这种形式避免了持股会与企业的合谋风险，更有利于员工利益，但同时也需要有健康的金融环境和社会信托平台。

（资料来源：梁慧瑜《企业员工持股法律问题研究》，法律出版社2011年版。）

＋·＋

此外，还必须建立责任追究制度。如果实施过程中出现制度不健全、程序不规范等问题时，批准单位应督促企业即时整改。发生国有资产流失的，要依法追究相关责任人的责任。

【典型案例】

联想控股集团案例

联想控股公司设立于20世纪80年代中期，隶属于中国科学院，当时性质上是国有全资企业，但设立时只是向中国科学院借款20万元，而后又偿付了全部借款。随着联想控股公司的发展壮大，管理层在1993年提出了管理层和员工持股的要求，但由于体制障碍没有成功获得股权，不过中国科学院给予了管理层和员工以35%股份的分红权。2001年，经过联想控股公司管理层努力争取，国务院领导特批，财政部等部门将联想控股公司列为改制试点。经过艰难协商，联想控股公司员工持股会用多年积累下来的35%的股份分红资金购买了35%的股份，国家在出售这35%的股份时以净资产的七折出售。中国科学院国有资产经营有限公司持有联想控股65%的股份，员工持股会持有35%的股份。在持股会中，核心创业人员持股35%，200名其他创业人员持股20%，其余45%留给后来进入联想控股的重要员工。中国科学院国有资产经营有限公司并不干预联想控股的经营决策，其在联想控股的6名成员董事会中只有1名董事，其余5名董事均为联想控股管理层成员，使联想控股实际上成为一个由非控股股东所控制的企业。

后来，联想控股通过资产重组的方式引入民营资本，进一步实现股权结构的多元化。国科控股将其持有的联想控股29%的股权，通过在北京市产权交易所挂牌出售的方式转让给中国泛海控股集团有限公司（民企）。泛海集团以协议方式将其所持有联想控股9.6%的股权转让给柳传志等五位最高管理层，

8.9%的股权转让给北京联恒永信投资中心。目前，联想控股公司的股权结构为：国科控股持股比例为36.0%，联持志远（老员工持股）持股比例为24.0%，泛海集团持股比例为20.0%，联恒永信（新员工股权激励）持股比例为8.9%，管理层持股比例为9.6%，其他外部股东持股比例为1.5%。

（资料来源：笔者根据企业提供资料整理。）

八、国有资产定价机制

在国有企业发展混合所有制经济过程中，如何提高资产定价的科学性和合理性，促进公平交易，是国有资产监管的重要使命，也是社会关心的热点问题。正如习近平总书记于2014年3月9日参加全国人大会议安徽代表团审议时谈到的，发展混合所有制经济的关键和成败都在于细则。因此，在国有资产交易过程中，要严格规范交易程序，把好资产评估定价关，做到信息公开、程序合理、监督有效，防止内部人控制和不当利益输送造成国有资产流失。

【政策直通车】

按照公开公平公正原则，完善国有资产交易方式，严格规范国有资产登记、转让、清算、退出等程序和交易行为。通过产权、股权、证券市场发现和合理确定资产价格，发挥专业化中介机构作用，借助多种市场化定价手段，完善资产定价机制，实施信息公开，加强社会监督，防止出现内部人控制、利益输送造成国有资产流失。（《关于国有企业发展混合所有制经济的意见》）

（一）定价机制内涵

国有资产定价机制，是指对将要处置的国有资产进行价格确定的过程和方法，也是对国有资产未来收益索取权的价格决定方式，其实质是对国有资产产权人权利的定价，包括股权、实物资产、无形资产、或有权利等的定价。正确理解和准确把握国有资产定价机制，有助于国有资产交易过程中的交易流程更为依法合规。

【混改小百科】

何为或有权利

与义务相对应，权利一般是指法律赋予权利主体作为或不作为的许可、认定及保障。或有权利，是指权利主体在未来可能享有的一种或多种权利。

当前我国的国有资产定价机制仍然有待健全。根据 2015 年中央巡视组报告的情况，一些企业领导人员利用掌握的资源和平台，在企业并购、合资合作、海外资产转让和经营中进行利益输送和交换，从中谋取非法利益，亲属子女围绕企业经商办公司，进行关联交易谋利。一些项目在资产并购或处置过程中贵买贱卖，向民营企业或其他利益相关方输送利益。有的领导干部甚至安排亲属子女直接或间接在下属企业违规零成本或低成本持股，或是利用合资合作经营捞取好处，国有企业的海外资产管理和处置上也存在重大风险隐患。这其中反映出来的国有资产定价方面的问题不容忽视。

可见，要规范有序地推进混合所有制经济发展，就必须切实做好资产评估定价工作，更多通过产权、股权、证券市场发现和合理确定资产价格，引入合法的中介机构作为独立第三方全程参与，并通过加强监管和信息披露防止国有资产流失。

（二）规范资产评估

1. 哪些情况需要进行资产评估

【混改小百科】

什么是资产评估

资产评估是企业资产价值量化的过程，其追求的是"公允价值"（Fair Value），公允价值原则上就是市场价值。公允价值，也称公允市价或公允价格，是指熟悉市场情况的买卖双方在公平交易的条件下和自愿的情况下所确定的价格，或者是无关联的双方在公平交易的条件下一项资产可以被买卖或者一项负债可以被清偿的成交价格。

在西方发达经济体中，资产评估属于专业服务，评估业的兴起主要是市场力量推动，商业实践中买卖双方均会在谈判和签署协议之前进行资产评估。资产评估是确定国有资产价格的必要基础，也是规范企业国有资产交易定价行为、维护国有资产出资人合法权益、促进企业国有产权有序流转以及防止国有资产流失的有效手段。

资产评估是一项非常复杂而系统的工作，在进行资产评估时不仅要分析企业和有形、无形资产本身，同时也要对企业所在行业乃至所在区域的经济发展前景进行分析。资产评估机构有时会从相同或类似的资产中找到评估的"市场证据"或"市场价格"。在资产评估行业发展相对成熟的国家，评估机构通常还会与其他中介机构合作，最终基于市场导向，确定一个反映市场价值的公允价格。在严格的执业规范与监管下，评估中介机构所确定的公允价格往往能够成为资产交易的重要参考，交易方会基于评估结果展开谈判。

根据国务院国资委 2005 年 9 月发布的《企业国有资产评估管理暂行办法》的相关规定，绝大多数涉及国有资产权属关系变动的行为，都必须进行资产评估。

·+·

【资料链接】

国有资产评估的适应性规定

第六条　企业有下列行为之一的，应当对相关资产进行评估：

（一）整体或者部分改建为有限责任公司或者股份有限公司；

（二）以非货币资产对外投资；

（三）合并、分立、破产、解散；

（四）非上市公司国有股东股权比例变动；

（五）产权转让；

（六）资产转让、置换；

（七）整体资产或者部分资产租赁给非国有单位；

（八）以非货币资产偿还债务；

（九）资产涉讼；

（十）收购非国有单位的资产；

（十一）接受非国有单位以非货币资产出资；

（十二）接受非国有单位以非货币资产抵债；

（十三）法律、行政法规规定的其他需要进行资产评估的事项。

第七条　企业有下列行为之一的，可以不对相关国有资产进行评估：

（一）经各级人民政府或其国有资产监督管理机构批准，对企业整体或者部分资产实施无偿划转；

（二）国有独资企业与其下属独资企业（事业单位）之间或其下属独资企业（事业单位）之间的合并、资产（产权）置换和无偿划转。

（资料来源：《企业国有资产评估管理暂行办法》，国务院国有资产监督管理委员会 2005 年 9 月发布。）

+-

2. 资产评估的主要方法

资产评估的方法主要有收益现值法、重置成本法、现行市价法、清算价格法等。对需要处置的国有资产进行评估定价时，要根据不同的资产类型采用相应的评估方法。固定资产评估的方法主要有重置成本法、清算价格法等。对流动资产中的原材料、在制品、协作件、库存商品、低值易耗品等进行评估时，应当根据该项资产的现行市场价格、计划价格，考虑购置费用、产品完好程度、损耗等因素，评定重估价值。对有价证券的评估，参照市场价格评定重估价值，没有市场价格的，考虑票面价值、预期收益等因素，评定重估价值。对占有单位的无形资产，要区别不同情况评定重估价值。对外购的无形资产，根据购入成本及该项资产具有的获利能力重估价值。对自创或者自身拥有的无形资产，根据其形成时所需实际成本及该项资产具有的获利能力重估价值。对自创或者自身拥有的未单独计算成本的无形资产，根据该项资产具有的获利能力重估价值。

+·+

【混改小百科】

资产评估的主要方法

第一，收益现值法。这种方法假定资产价格的形成基础不是历史价值，而是它所能带来的未来收益。相应地，根据被评估资产合理的预期获利能力和适当的折现率，计算出资产的现值，并以此评定重估价值。资产价格取决于该项资产可以带来的现金流，其定价公式为：

$$P = C_0 + \frac{C_1}{1+r} + \frac{C_2}{1+(1+r)^2} + \cdots + \frac{C_n}{(1+r)^n} = \sum_{i=0}^{n} \frac{C_i}{(1+r)^i}$$

其中，P 代表资产价格，C_i 代表第 i 期的现金流，r 代表利率，n 代表资产存续的期限，整个公式说明资产价格等于所有未来现金流的折现总和。这个定价公式是商业实践中最基础也是应用最多的。

第二，重置成本法。根据被评估资产在全新情况下的重置成本，减去按重置成本计算的已使用年限的累积折旧额，考虑资产功能变化、成新率等因素，评定重估价值；或者根据资产的使用期限，考虑资产功能变化等因素重新确定成新率，评定重估价值。

第三，现行市价法。参照被评估资产相同或者类似资产的市场价格，评定重估价值。

第四，清算价格法。根据企业清算时其资产可变现的价值，评定重估价值。

+·

3. 如何规范地进行资产评估

根据相关规定，国有独资企业、国有独资公司和国有资本控股公司合并、分立、改制，转让重大财产，以非货币财产对外投资，清算或者有法律、行政法规以及企业章程规定应当进行资产评估的其他情形的，应当按规定委托符合条件的资产评估机构进行资产评估。在资产评估过程中，国有企业及其高级管理人员应当向资产评估机构如实提供有关情况和资料，不得与资产评估机构串通评估作价。资产评估机构应当遵守法律、行政法规以及评估执业准则，独立、客观、公正地对受托评估的资产进行评估，并且对其出具的评估报告负责。

在现有监管架构下，资产评估是形成交易基准价格的基础，但评估工作中也存在诸多问题。首先，评估方法选择与参数设定没有统一标准。评估报告往往对不同种类的标的采用各异的评估方法，而且各评估机构在具体评估过程中采用的参数也不同，这将导致同一交易标的由不同评估机构评估时，得出的结果可能大相径庭。其次，无形资产评估存在障碍。在许多实际工作中，无形资产未评估即出让的现象普遍存在，原因在于无形资产评估缺乏定性、定量标准，评估价格可能与市场价值严重脱节，缺乏实用性。最后，评估后置和倒推评估现象突出。资产评估最大的问题还在机制方面。按照正常的逻辑关系，资产评估工作应该先于交易谈判，然而，在实践中，很多国有资产转让时，往往是"先谈判后评估"，以谈判结果"倒推评估"。目前，我国资产评估行业管理体制和评估行业发展尚不成熟，评估客观性和独立性不足，很多情况下评估工作只是为国有资产转让加了一道事务性程序。更有甚者，由于现行监管框架下根据评估结果划定了成交价格的红线，不少人认为成交价格应该由评估说了算，而排斥和放弃市场的决定性力量。这样，在评估机构与交易双方的共同合谋下，以操纵评估结果来操纵交易价格，最终导致国有资产披着程序合法的外衣被非法侵占。

【深度解读】

国有资产评估过程中的各类问题

根据国务院国有资产监督管理委员会官方网站刊载的总结，目前国有资产评估过程存在各类不规范问题：

（1）认识程度不全面。一些企业和部门为了达到某一特定目的，臆定评估值，致使资产评估走过场。

（2）提供资料不齐全。产权单位在提供委托评估范围内的资产所需资料时，存在着资料不完备、不齐全，报告附件或缺等现象，甚至有甚者提供虚假情况和资料，难以体现评估资产的全貌，容易形成账外资产，埋下了国有资产流失的伏笔。

（3）评估工作不深入。有的资产评估机构对委托范围内的资产，没有认真履行盘点清查、实地勘察等必要的核对程序，对债务债权类资产没有进行必要的函证，只是对资产账面数凭工作经验作出评判，不能客观公正地反映资产公允价值，难以保证评估结果的真实、合理和完整性。

（4）评估方法不恰当。一些评估执业师在对某些资产进行评估时方法选择不恰当，不慎引用评估假设，扭曲了资产价值。

（5）评估内容不齐全。国有资产是指国家以各种形式投资形成的固定资产、流动资产、无形资产和其他形态资产，在一部分企业改制和产权转让为目的的资产评估中，对专利、商标、商誉等极具价值和增值潜力的无形资产按极低的价格评估或不评估不说明等。

（6）信息披露不充分。有的资产评估报告中对于不动产的总体情况、产权特点、权属关系以及资产的担保、抵押、剥离、租赁、权证变更等可能对评估资产价值判断产生重大影响的信息，披露不够充分。

（资料来源：《企业国有资产评估管理存在的问题及对策思路》，国务院国资委官方网站，http://www.sasac.gov.cn/n1180/n1271/n20515/n2697175/5730758.html。）

+·+

针对当前资产评估领域存在的问题以及现实中存在的多种规避监管的方法，要加快配套领域的立法工作，建立"法定审计＋法定评估"体制。第一，在国有产权转让前进行强制性专项审计，即形成"法定审计"机制，重点针对近三年的产权变动以及各项关键性经营领域展开专项审计。第二，发展混合所有制经济不仅涉及国有资产定价，也涉及非国有资产定价。举例来说，如果国有企业以货币化资本形式入股私营企业，为了确定入股后的股权比例，就必须对私营企业的资产进行定价，才能最终确定（或商议）国有资本的持股比例。为此，建议加快制定适用不同所有制资产的《资产评估法》，从法律层面明确资产评估行业的管理体制和运行机制，并对国有资产转让进行强制性评估，即"法定评估"，明确评估过程中的权责关系。同时，加大改革力度，大力培育和引进专业化的资产评估机构，建立行业自律机制，提高资产评估的独立性和公正性。

（三）确定资产价格

1. 有效发挥资本市场价格发现功能

价格发现是资本市场最基本的功能，作为资产转让过程中企业价值重新发现的平台，我国资本市场正在发挥着越来越重要的作用，价格发现功能逐步得到增强，并逐步担当起宏观经济"晴雨表"的角色。国际资本市场的发展进程表明，市场规模越大，流动性越好，机构投资者越成熟，资本市场价格发现的功能就发挥得越充分，各类资产就越能得到较为合理的价格。全国性的产权和证券市场毫无疑问是发现资产交易价格的最佳地点。由于在全国性的证券市场往往能够得到专业的中介服务、相对完善的信息披露机制、更多的参与者以及专业化的监管，因此，全国性交易所在价格发现方面比其他交易所更具有效率。企业在全国性证券市场上市以及在资本市场进行股权转让，是发现资产价格较为规范的方式。未来，随着我国资本市场基础制度建设的逐步健全、多层次资本市场体系的建立完善，以及投资者结构的进一步改善，资本市场的价格发现功能将在国有资产交易中发挥更为充分的作用。

【经典案例】

通用电气参与中国西电改制重组的资产定价

2012 年 5 月 8 日，中国西电集团公司（以下简称西电集团）所属子公司中国西电电气股份有限公司（以下简称中国西电）与美国通用电气公司（GE）经过多轮谈判，成功达成战略合作协议，合作内容包括 GE 入股中国西电、成立二次设备合资公司、共同开拓全球市场等。

具体合作方式为，GE 以现金认购已经上市交易的中国西电非公开发行的股份，从而获得中国西电（发行后）15% 的股份，发行价格4.4 元/股，该价格较公司股票停牌前20 个交易日均价溢价13.08%。通过本次交易，GE 将有权提名一名董事。此外，GE 的持股锁定期原则上为 10 年。双方在中国境内成立一家由中国西电控股的输配电二次设备自动化合资公司。在该公司中，西电持股 59%，GE 持股 41%。自动化合资公司将全面引进通用电气在二次设备领域的成熟产品和先进技术，并在此基础上进一步开发符合中国市场需求的产品和技术。

由于中国西电 2011 年财务表现较 2010 年出现大幅度下滑，GE 对于中国西电的经营能力、未来发展曾产生怀疑，甚至对于是否推进本次交易产生动摇。而且，过往的战略入股案例中，多数均以底价（即定价基准日前 20 个交易日均价的 90%）发行，其余基本上均以平价（即前 20 个交易日均价）发行，极少出现溢价发行案例。

为了争取到良好的发行定价，中国西电带领中介团队在估值方面做了大量工作。在宏观环境方面，全面分析了国内输配电设备行业的整体业绩和未来展望，从电网投资、中标模式、原材料价格、"十二五"规划等多方面论证了行业当时虽然位于低谷，但未来尤其是特高压板块仍有望实现高增长。在业务方面，向通用电气进行了2011年经营业绩说明，同时充分挖掘在手订单情况，深入分析业务模式及交货周期，从变压器、高压开关、整流装置等各个板块的不同角度对公司未来发展前景进行综合预测。经过多轮谈判，使GE深刻理解了公司股票的内在价值，并认可溢价发行更有利于体现本次交易的合作前景，促成了本次交易最终以每股4.40元发行。发行价格较平价发行溢价13.08%，较底价发行溢价25.64%。

（资料来源：笔者根据企业提供资料整理。）

2. 严格规范进场交易议价行为

目前，我国产权交易所的发展与监管尚不成熟，不少地方的交易所行政化色彩浓重、独立性较差，与资产交易方的关系不局限于简单的"用户—平台"关系。据中国证监会有关部门的研究和大量媒体报道，有的产权交易所并未形成真正的市场，只是给"手拉手"进来的企业办个登记手续而已，并没有真正意义上的信息披露和充分竞价。所谓"手拉手"，是指业界对于产权转让中买卖双方事先在场外谈妥，到场内"一对一"转让的形象比喻，对牵手的双方而言，产权交易所只是他们完成"恋爱"、走向"婚姻"的法定登记机关而已。

为减少内部交易、合谋的空间，同时消除以所有制为标准的转让歧视，应按照"进场属常态，协议属例外"的原则，制定例外清单和例外审查机制，清单之外的国有产权转让全部进入交易所交易。首先，要对《企业国有产权转让管理暂行办法》

中提到的"特殊要求"进行明确界定，按资产的专用性和国家战略意义制定例外清单并制定详细的操作规范，清单内的国有资产如将采取协议转让方式，应到相应权限的监管部门核准。清单之外的国有资产转让，一律进入交易所交易。其次，如果进场之后确实出现"只有一个受让方"或找不到受让方的情况，要优先考虑延长挂牌时间，确需调整挂牌价格再上市的，要上收审批权限。对于企业资产转让可按照资产评估价值的大小，而不是以隶属关系为标准，限额以下由各省级人民政府进行审批，限额以上则由国务院国资委会同相关部门省市共同审批。最后，对于国有企业引入战略投资者等情况，要建立严格的例外审查机制，聘请独立的第三方对引入战略投资者的必要性和可行性进行论证，最终方案根据"谁出资谁审批"的原则由省级人民政府或中央人民政府审批确定，对于通过例外审查的国有资产定价，要按照商业惯例，聘请独立的中介机构与潜在受让方进行询价议价。

（四）引入合法中介

在国有资产评估定价过程中，合理借助资产评估、会计和审计师事务所、法律咨询、公证等中介机构是必要的手段。国有企业混合所有制改革之前必须对国有资产进行审核和评估，如木偶剧院在被批准重组转制后，由两家专业的会计师事务所对其进行了审计和资产评估。只有通过合法中介规范、有效、透明地解决国有资产评估、定价、产权交易等关键问题，建立行业自律机制，提高中介机构的独立性和公正性，才能够使国有企业混合所有制改革更为依法合规，从而避免国有资产流失。

┼·┼

【资料链接】

对于资产评估中介机构的相关规定

第九条　企业产权持有单位委托的资产评估机构应当具备下列基本条件：

（一）遵守国家有关法律、法规、规章以及企业国有资产评估的政策规定，严格履行法定职责，近三年内没有违法、违规记录；

（二）具有与评估对象相适应的资质条件；

（三）具有与评估对象相适应的专业人员和专业特长；

（四）与企业负责人无经济利益关系；

（五）未向同一经济行为提供审计业务服务。

第十条　企业应当向资产评估机构如实提供有关情况和资料，并对所提供情况和资料的真实性、合法性和完整性负责，不得隐匿或虚报资产。

第十一条　企业应当积极配合资产评估机构开展工作，不得以任何形式干预其正常执业行为。

（资料来源：《企业国有资产评估管理暂行办法》，国务院国资委 2005 年 9 月发布。）

┼·┼

对于中介机构的使用也必须严格管理。企业在国有资产转让过程中发生违法、违规行为，或者不正当使用中介机构出具的评估、交易报告和出具律师、公证函的，对负有直接责任的主管人员和其他直接责任人员，依法给予处分或依法移送司法机关处理。受托中介机构在资产评估等中介服务和交易过程中违规执业的，由国有资产监督管理机构将有关情况通报其行业主管部门，建议给予相应处罚，情节严重的可要求企业不得再委托该中介机构及其当事人进行中介业务，涉嫌犯罪的要依法移送司法机关处理。

（五）加强信息披露

为有效构建国有资产评估定价机制，在企业国有产权（股权）转让、增资扩股、上市公司增发等过程中，除国家有规定外，都应在产权、证券等多层次资本市场公开披露信息，发挥价格发现功能，择优确定投资人。同时要建立健全第三方监督机制，国有产权持有者在清产核资、财务审计、资产定价、股权托管等环节，采取公开竞争方式引入第三方机构，建立股东付费的委托服务模式，杜绝场外交易和内幕交易。完善利益相关人员的回避制度，明确规定利益相关人员不得主导和参与改革方案的制定和组织实施工作，以防止关联交易和利益输送。

【政策直通车】

在组建和注册混合所有制企业时，要依据相关法律法规，规范国有资产授权经营和产权交易等行为，健全清产核资、评估定价、转让交易、登记确权等国有产权流转程序。国有企业产权和股权转让、增资扩股、上市公司增发等，应在产权、股权、证券市场公开披露信息，公开择优确定投资人，达成交易意向后应及时公示交易对象、交易价格、关联交易等信息，防止利益输送。（《关于国有企业发展混合所有制经济的意见》）

1. 强化定价流程监管

在国有企业、国有资产监管部门、产权交易所、中介机构的复杂关系面前，各类弄虚作假和合谋行为存在较大的操作空间，国有资产转让的实际程序往往与监管所要求的程序相背离，先操控评估结果再购买的现象时有发生。比如，对交易信息的披露、招商谈判、竞价评选、交易对手的确定等资料以保密要求为由不让相关方查询和了解，刻意提高评估结果、实现协议转让等行为也一定程度存在。如一些企业先通过操控评估，形成一个较高评估结果，即使按照90%的红线标准也找不到受让方，之后以此为由申请协议转让，将交易转至场外。因此，只要少数几个具有影响力的利益相关方利益激励符合，通过合谋压低国有资产转让价格的案例并不少见。

对国有资产定价进行监管的主要目的是防止国有企业资产转让过程中可能存在的内部交易和合谋等问题，监管重点是建立让市场发挥决定性作用的制度框架，以有效防止国有资产流失，保证交易过程的公平性。当前，在法律层面仍然缺乏国有企业资产定价的监管程序和规范。建议根据混合所有制改革的实践逻辑，重点就以下三个程序进行立法：一是决策程序，明确混合所有制改革的触发条件、法定决策程序以及利益相关方的权责。二是实施程序，要以法律形式明确进场交易的基本流程和规范，完善进场交易过程中的交易所选择、信息披露、资产评估定价等监管制度。三是监管程序，要推动监管机构、职能、程序、责任的法定化，严格督导各项法定程序的有效实施。改革现有的国有资产转让监管机制，重点借鉴国内其他领域行之有效的做法，建立针对内部交易、合谋的专门条款与责任追究制度，以有效规范国有资产评估定价行为。

2. 建立国有资产交易信息平台

信息不对称、不透明是国有资产交易过程中合谋和利益输送等腐败行为发生的根本原因。不管从市场规模还是利益分配角度，不可能让所有的企业都进入全国性交易所交易，但地方性（含区域性）交易所又受到地域以及自身影响力的限制，在信息发布和传播等方面存在相对不足。因此，建议在允许国有资产在不同地区、不同层次产权交易所上市交易的大框架下，建立全国性的国有资产转让信息网络平台，让各地方产权交易所将国有资产转让信息对接至该信息网络平台，通过该平台集中发布交易对象、交易价格、关联交易等信息，以有效解决信息披露不充分问题，达到扩大受让方的目的，同时还有利于通过竞价机制更好地发现公允价格。

【资料链接】

《中华人民共和国企业国有资产法》对国有资产转让的规定

第五十四条　国有资产转让应当遵循等价有偿和公开、公平、公正的原则。

除按照国家规定可以直接协议转让的以外，国有资产转让应当在依法设立的产权交易场所公开进行。转让方应当如实披露有关信息，征集受让方；征集产生的受让方为两个以上的，转让应当采用公开竞价的交易方式。

转让上市交易的股份依照《中华人民共和国证券法》的规定进行。

第五十五条　国有资产转让应当以依法评估的、经履行出资人职责的机构认可或者由履行出资人职责的机构报经本级人民政府核准的价格为依据，合理确定最低转让价格。

第五十六条 法律、行政法规或者国务院国有资产监督管理机构规定可以向本企业的董事、监事、高级管理人员或者其近亲属，或者这些人员所有或者实际控制的企业转让的国有资产，在转让时，上述人员或者企业参与受让的，应当与其他受让参与者平等竞买；转让方应当按照国家有关规定，如实披露有关信息；相关的董事、监事和高级管理人员不得参与转让方案的制订和组织实施的各项工作。

（资料来源：《中华人民共和国企业国有资产法》，2008 年 10 月 28 日发布。）

九、混合所有制改革监管

在推进国有企业混合所有制改革的过程中，应守住保障国有资产安全和维护职工权益的重要底线。为此，要按照《指导意见》与《意见》等相关文件的要求，强化企业内部监督，建立健全高效协同的外部监督机制，实施信息公开，加强社会监督，严格责任追究。通过严格规范操作流程和审批程序，切实加强监管，坚决防止因监管不到位、改革不彻底导致的国有资产流失。

（一）完善交易规则

涉及国有股权交易需要制度先行、监管保障。目前，我国已经出台了相关法律及政策规定，包括《中华人民共和国公司法》《中华人民共和国企业国有资产法》《企业国有资产监督管理暂行条例》《关于进一步规范国有企业改制工作的实施意见》和《企业国有产权转让管理暂行办法》及其他有关规定。股权交易规则十分强调公开市场交易，比如转让时应与多个意向合作方进行充分沟通，必要时可对参与竞价的投资者数量设定下限；企业董事、监事、高级管理人员参与改制或受让，应与其他投资者平等公开竞争；企业改制重组涉及国有股权、产权或资产转让、增资扩股等，应在相关市场公开进行等。针对我国现阶段产权流动机制不健全的问题，多地已采取有效措施积极应对。例如，北京依托资本市场实现国有资产证券化，重庆要求全部实施进场交易，安徽则明确提出审慎审批协议转让项目，广西积极引入做市商制度。

—+—+—+—+—+—+—+—+—+—+—+—+—+—+—+—+—+—+—+—

【混改小百科】

国有股权转让的步骤

根据相关法律规定，对于转让方而言，国有股权交易主要有如下步骤：

◆ 初步审批。就股权转让的数额、交易方式、交易结果等基本情况报主管部门审批。

◆ 清产核资。组织资产清理和核算，编制资产负债表和资产移交清册。

◆ 审计评估。委托会计师事务所全面审计，委托资产评估机构进行资产评估。

◆ 内部决策。企业召开大会就转让事宜进行内部审议，形成决议和承诺。

◆ 申请挂牌。选择有资格的产权交易机构，申请上市交易。

◆ 签订协议。成交后双方签订合同，取得产权交易凭证。

◆ 审批备案。转让方将股权转让的书面材料报主管部门备案登记。

◆ 产权登记。根据产权交易凭证办理产权登记。

◆ 变更手续。标的企业到工商行政管理部门进行变更登记。

—+—+—+—+—+—+—+—+—+—+—+—+—+—+—+—+—+—+—+—

完善的交易规则有利于发现合理的国有资产价格，而合理的国有资产定价是判断国有资产是否存在流失的关键。在市场发挥资源配置中的决定性作用时，只要是通过规范化程序和市场机制形成的交易价格，就应当被认为是在当时条件下合理的国有资产价格。当国有企业已经上市时，这个交易价格也即股权价格。随着整个宏观经济的波动，国有资产的价格也会出现波峰与低谷，何时进行交易则取决于当时企业主体自身的决策。因此，完善交易市场建设和价格形成机制，促成公开、透明、合规交易就成为防止国有资产流失的根本途径。

（二）防止国有资产流失

2015 年 6 月 5 日，中央全面深化改革领导小组召开第十三次会议，正式通过了《关于加强和改进企业国有资产监督防止国有资产流失的意见》。这意味着在国企改革总方案正式出台前，国资流失问题已被"优先"部署。会议明确指出，要形成国有资产监督体系，加强对国有企业权力集中、资金密集、资源富集、资产聚集等重点部门、重点岗位和重点决策环节的监督，通过清晰界定各类监督主体的监督职责，增强监督工作合力，改进监督方式，创新监督方法，增强监督的针对性和有效性。同时，坚持依法依规开展监督工作，完善责任追究制度。

从过去的经验教训来看，国有资产流失的行为主体既可以是国有资产的出资人，也可以是国有资产的管理者、经营者。造成国有资产流失的原因很多，但根本原因是体制不健全、监督不严格。由于体制不健全，有的企业在股份制改造和拍卖过程中造成国有资产流失；有的企业由于治理结构不完善导致领导独断专行、决策失误，造成巨额国有资产损失；有的企业在资产估价中故意造成国有资产贱卖。由于监督不严格，有的国企在产权界定时故意犯错，资产统计时有意少计、漏计国有资产，收取对外收益时有意少收或不收国有收益的部分；有的国企形成寄生性家族式利益共同体，蚕食、围猎国有资产；有的国企领导人员亲属违规办企业，搞关联交易、利益输送；有的国企领导人员与特定关系人结成利益同盟，以攫取非法利益为纽带，内外勾结蚕食国有资产……凡此种种，不一而足，教训十分深刻。

【深度解读】

企业资产估价中的种种"漏洞"

有的企业只将企业创建之初的资本作为国有资本，而将后来的资本积累全部界定为集体资本；对企业的固定资产、材料、库存商品等低价评估，无形资产不计价；在改制企业合并、分立、破产、终止等情况发生时，不按照国家规定清算，将企业的债务、亏损等全部转由国家承担。

【资料链接】

中纪委：一些国企内外勾结"围猎"国资

巡视发现，华电集团存在违规支付并购款、违规向民营企业让利等问题，造成国有资产流失；中国海运一些领导人员以较低价格甚至低于成本价将运输业务交由自己或亲友的公司经营，损公肥私；神华集团煤炭灭火工程存在利益输送黑洞，一些私人老板得到权力庇佑，打着灭火工程旗号大肆开采和销售煤炭，甚至故意制造煤田火点，谎报灭火项目。

（资料来源：根据中纪委网站和人民网有关资料整理。）

非国有资本入股国有企业是国有企业混合所有制改革的核心内容，因此通常会涉及国有股权的转让或稀释。《意见》明确指出了若干需要严肃查处的行为，其目的就是有针对性地防止国有股权转让或稀释中可能产生的国有资产流失。

【政策直通车】

政府有关部门要加强对国有企业混合所有制改革的监管，完善国有产权交易规则和监管制度。国有资产监管机构对改革中出现的违法转让和侵吞国有资产、化公为私、利益输送、暗箱操作、逃废债务等行为，要依法严肃处理。（《关于国有企业发展混合所有制经济的意见》）

推进混合所有制改革，关键是要明晰审核机制、严格工作程序，确保混合所有制改革依法合规、稳妥推进。各级政府与同级国资监管部门具体负责审核企业混改相关方案，必要时应成立企业重大改制重组和产权转让事项的专门审核委员会。要建立分级审核机制。严格按照工作程序办事，地方可考虑出台《国有企业混合所有制改革工作程序》，建立相关的会审制度。

【政策直通车】

国有企业实施混合所有制改革前，应依据本意见制订方案，报同级国有资产监管机构批准；重要国有企业改制后国有资本不再控股的，报同级人民政府批准。国有资产监管机构要按照本意见要求，明确国有企业混合所有制改革的操作流程。方案审批时，应加强对社会资本质量、合作方诚信与操守、债权债务关系等内容的审核。（《关于国有企业发展混合所有制经济的意见》）

【资料链接】

上海《关于推进本市国有企业积极发展混合所有制经济的若干意见（试行）》

企业改制重组应履行法律法规明确的决策程序。市管企业改制重组，由本市国资监管机构根据优化国资布局结构的要求和企业改革发展的设想，提出方案报市政府同意后实施；集团下属企业改制重组，一般由集团公司决定，重要子公司改制重组方案报本市国资监管机构备案，国有控股上市公司按规定程序执行。改制重组涉及公共管理事项的，须报政府有关部门审核或征求意见。实行经营层、技术管理骨干持股方案，须经企业董事会或党政班子集体讨论，履行职工（代表）大会民主程序，并按照产权管理关系报上一级核准。由集团公司批准的持股方案，报本市国资监管机构备案。所涉企业董事、监事、高级管理人员不参与改制重组方案决策。

《意见》同时强调需要加强离任审计。我国于 2014 年 7 月出台了《党政主要领导干部和国有企业领导人员经济责任审计规定实施细则》，使经济责任审计制度在执行中有了具体的依据和参照。根据规定，对重点地区（部门、单位）、关键岗位的领导干部任期内至少审计一次。离任经济责任审计是指对法定代表人整个任职期间所承担经济责任履行情况所进行的审查、鉴证和总体评价活动。除了任期届满需要离任审计外，根据《关于进一步规范国有企业改制工作的实施意见》的规定，若混合所有制改革使企业从国有控股企业变更为非国有控股公司，还需要开展企业法定代表人的离任审计，且不能以财务审计代替离任审计。

【混改小百科】

哪些国有企业领导人员需要进行经济责任审计

国有企业领导人员经济责任审计的对象包括国有和国有资本占控股地位或者主导地位的企业（含金融企业，下同）的法定代表人。根据党委和政府、干部管理监督部门的要求，审计机关可以对上述企业中不担任法定代表人但实际行使相应职权的董事长、总经理、党委书记等企业主要领导人员进行经济责任审计。

国有企业领导人员经济责任审计包括哪些内容

根据规定，国有企业领导人员经济责任审计包括如下十二方面的内容：（1）贯彻执行党和国家有关经济方针政策和决策部署，推动企业可持续发展情况；（2）遵守有关法律法规和财经纪律情况；（3）企业发展战略的制定和执行情况及其效果；

（4）有关目标责任制完成情况；（5）重大经济决策情况；（6）企业财务收支的真实、合法和效益情况，以及资产负债损益情况；（7）国有资本保值增值和收益上缴情况；（8）重要项目的投资、建设、管理及效益情况；（9）企业法人治理结构的健全和运转情况，以及财务管理、业务管理、风险管理、内部审计等内部管理制度的制定和执行情况，厉行节约反对浪费和职务消费等情况，对所属单位的监管情况；（10）履行有关党风廉政建设第一责任人职责情况，以及本人遵守有关廉洁从业规定情况；（11）对以往审计中发现问题的整改情况；（12）其他需要审计的内容。

【深度解读】

离任审计与财务审计有何不同

通常而言，离任审计是指对法定代表人整个任职期间所承担经济责任履行情况所进行的审查、鉴证和总体评价，而财务审计是审计机关对国有企业资产、负债、损益的真实、合法、效益进行审计监督。

从审计对象来看，离任审计侧重法定代表人，财务审计则针对的是企业的财务收支活动。从审计内容来看，离任审计的内容要更为宽泛，除了审查财务收支活动是否合规外，还需要包括国有资产管理、使用和保值增值等情况。从审计频率来看，财务审计一般年初都有工作计划，审计的次数也高于离任审计。

（三）维护职工权益

保护职工权益是国有企业混合所有制改革中另一个重要红线。在现有体制下，混合所有制改革通常会造成企业股权结构发生变化，在部分情况下可能涉及职工持股、身份转换等内容。由于国有企业与民营企业在经营机制上存在许多差异，因此在混合所有制改革的过程中必须听取职工的意见，尊重和维护职工的参与权、表达权和知情权。以往的案例中不乏忽视职工权益、不尊重职工知情权的情况，结果使职工权益在企业改制或混合所有制改革过程中受到损害。

【政策直通车】

要充分保障企业职工对国有企业混合所有制改革的知情权和参与权，涉及职工切身利益的要做好评估工作，职工安置方案要经过职工代表大会或者职工大会审议通过。（《关于国有企业发展混合所有制经济的意见》）

职工权益受到损害的一个重要原因是企业没有严格按照相关规定落实职工参与企业治理的规定。有的国有企业没有健全职工监事、董事制度，有的国有企业忽视了职工（代表）大会的重要性。根据相关规定，职工安置方案需经职工（代表）大会审议通过后实施。因此，必须完善职工董事、监事制度，充分发挥职工在完善国有企业治理结构中的积极作用。必要时应开展稳定风险评估，在尊重职工意愿的基础上，对人员分流安置、劳动关系调整、工龄计算、社会保险关系接续等作出妥善安排。对继续履行劳动合同、未实行经济补偿的职工相关安排，应与其他股东协商后形成一致意见。

‐+‐

【资料链接】

地方政府如何防范国有资产流失与维护职工权益

上海：为规范财务审计、企业价值评估，要求相关单位出具法律意见书。

天津：推动企业构建"制度＋科技"模式，推进市管国企规范管理、降低成本。

辽宁：出台《省属企业专项改革试点工作方案》《省属公司董事会、董事履职评价办法（试行)》等7个文件方案。

江苏：修订《省属企业资产损失核销规则》，开展资产评估专项检查。

安徽：修订《安徽省企业国有资产评估管理暂行办法》，加强对省属企业二级及以下子公司资产定价问题的把关和监督。

湖北：明确规定对职工安置费用不落实的方案不予批准。

广东：印发《进一步做好国有企业改制职工分流安置工作意见》，要求除经职工代表大会审议通过外，职工安置方案还需报同级劳动保障部门审核。

广西：开展尽职调查，规范国企改制中无形资产的评估，及时处理社会保险关系接续、拖欠职工工资问题。

（资料来源：根据有关资料整理。)

‐+‐

（四）发挥第三方机构作用

国有资产审计和价值评估是混合所有制改革中最核心的环节之一，也最容易出现"猫腻"。发挥第三方中介的作用可以有效地避免具体环节中的"暗箱"操作，为混合各方提供科学合理、真实有效的评估结论。

【政策直通车】

审计部门要依法履行审计监督职能，加强对改制企业原国有企业法定代表人的离任审计。充分发挥第三方机构在清产核资、财务审计、资产定价、股权托管等方面的作用。（《关于国有企业发展混合所有制经济的意见》）

根据相关规定，企业进行混合所有制改革时，需要由产权持有单位聘请具有资质的不同专业机构实施财务审计和价值评估。在财务审计中，涉及影响资产价值的计提资产减值准备和已核销的资产损失，应由决定和批准单位认可并落实责任。

现实中，也出现过第三方联合监管者、国企相关负责人等监守自盗的行为。少数中介机构不顾专业操守胡乱评估，给国有资产带来"贱卖"风险。因此，既要用好第三方机构机制，又要加强对第三方机构的约束和监管。例如，要求企业价值评估结果按照规定公示并予以核准或备案，对于重大项目评估，有关报告须经专家评审委员会审核。只有经过核准、备案或专家评审委员会审核，评估结果才能作为国有资本出资额或产权交易价格的依据。同时，还可以加强对第三方机构的法律监督，要求相关单位出具法律意见书。例如，企业改制方案和评估结构由审批单位的法律顾问或聘请律师事务所出具法律意见书，当第三方机构出现违法行为时，可以依法对其进行追诉。

（五）加强社会监督

根据《中华人民共和国企业国有资产法》和《企业国有资产监督管理暂行条例的规定》的规定，于2003年组建的国务院国有资产监督管理委员会依法对企业国有资产进行监督管理。随着国资监管由"管人管事管资产"向"管资本"转变和国有资本投资运营公司陆续成立，国资委的监管职能将更加突出。除了国资委以外，我国还加快机制制度创新，不断强化国有企业内部监督、出资人监督和审计、纪检巡视监督以及社会监督，形成全面覆盖、分工明确、协同配合、制约有力的国有资产监督体系已经成为加强和优化监管的重要目标。

【资料链接】

国务院，省、自治区、直辖市人民政府，设区的市、自治州级人民政府，分别设立国有资产监督管理机构。国有资产监督管理机构根据授权，依法履行出资人职责，依法对企业国有资产进行监督管理。（《企业国有资产监督管理暂行条例》）

为了加强社会监督，应完善国有资产和国有企业信息公开制度，设立统一的信息公开网络平台，依法依规、及时准确披露国有资本整体运营和监管、国有企业公司治理以及管理架构、经营情况、财务状况、关联交易、企业负责人薪酬等信息。同时应认真处理人民群众关于国有资产流失等问题的来信、来访和检举，充分发挥媒体舆论监督作用，有效保障社会公众对企业国有资产运营的知情权和监督权。

《意见》还明确指出要加强企业职工内部监督。那么，企业职工如何监督所在国有企业的混合所有制改革呢？参照已有规定，如果企业职工在混合所有制改革过程中认为有国有资产流失现象，可以直接向企业负责相关事务的部门提出，或向同级国资监管机构举报，也可直接向同级或上级纪委及检察院举报，经有关部门查实，若企业在改制中隐瞒资产，应追究企业责任；若中介机构在评估审计中弄虚作假，应追究中介机构的责任；若国资监管部门在改制中把关监督不严，失职渎职，应追究国资监管部门责任。

┼─┼

【政策直通车】

　　加强企业职工内部监督。进一步做好信息公开，自觉接受社会监督。(《关于国有企业发展混合所有制经济的意见》)

┼─┼

　　国有企业混合所有制改革不仅涉及国有资产清算核资、股权转让，还涉及职工身份转换等诸多内容，牵涉面广，所涉事项多。由于国有资产属于全民所有，因此在某种意义上，国有企业混合所有制改革关系全民切身利益，必须高度重视，依法依规推进。而鼓励多方参与、齐抓共管，有利于提高改革透明度、凝聚改革共识、形成改革合力。过去的经验表明，完善国资监管并非一蹴而就。只要坚持加强和优化监管并重，坚持多措并举、警钟长鸣，就可以实现推进改革与守住底线两个目标。

十、混合所有制改革环境

营造有利于混合所有制改革的良好环境，是发展混合所有制经济的内在要求和关键支撑，是破除国有企业混合所有制改革现实障碍的重要利器。《意见》注重改革的整体性、系统性、协调性，明确了营造国企混合所有制改革良好环境的重要举措，必将对积极稳妥推进国企混合所有制改革发挥重要作用，有利于形成促进各种所有制经济依法平等使用生产要素、公开公平公正参与市场竞争、同等受到法律保护的良好制度环境。

【资料链接】

积极发展混合所有制经济。国有资本、集体资本、非公有资本等交叉持股、相互融合的混合所有制经济，是基本经济制度的重要实现形式，有利于国有资本放大功能、保值增值、提高竞争力，有利于各种所有制资本取长补短、相互促进、共同发展。允许更多国有经济和其他所有制经济发展成为混合所有制经济。国有资本投资项目允许非国有资本参股。允许混合所有制经济实行企业员工持股，形成资本所有者和劳动者利益共同体。……鼓励非公有制企业参与国有企业改革，鼓励发展非公有资本控股的混合所有制企业。（《中共中央关于全面深化改革若干重大问题的决定》）

（一）加强产权保护

《意见》明确要求加强产权保护。产权的界定、归属、流转与保护是发展混合所有制经济的焦点问题。依法保护混合所有制企业各类出资人的产权和知识产权权益，是提高各类资本所有者投资积极性、主动性的基本前提，也是混合所有制经济有效运行的必要保障。

【政策直通车】

加强产权保护。健全严格的产权占有、使用、收益、处分等完整保护制度，依法保护混合所有制企业各类出资人的产权和知识产权权益。在立法、司法和行政执法过程中，坚持对各种所有制经济产权和合法利益给予同等法律保护。（《关于国有企业发展混合所有制经济的意见》）

1. 依法平等保护出资人的产权权益

产权是所有制的核心，具有激励和约束经济主体、优化资源配置、协调利益关系等重要功能。产权是可以分割和让渡的一组权利，产权主体的利益通常在产权交易和产权流转中得以实现。产权制度是关于产权界定、运营、保护的一系列体制安排，是社会主义市场经济存在和发展的基础。《公司法》明确规定，股东依法享有资产收益、参与重大决策和选择管理者等权利。混合所有制改革允许各类资本交叉持股、相互融合，允许员工持股，对平等保护出资人的产权权益提出了严格要求。具体来讲，需要重点做好以下工作。

首先，完善产权保护制度。以平等保护为核心原则，完善促进混合所有制经济发展的产权保护制度，进一步健全国有、集体和非公有产权保护的法律法规，健全严格的产权占有、使用、收益、处分等完整保护制度。切实加强保护国有资产所有权、经营权、企业法人财产权，严防国有资产流失。切实加强保护集体资产所有权、承包权和经营权，切实保障农户充分享有土地承包权、经营收益权及宅基地使用权。切实加强保护非公有产权，完善保护私有财产权法律制度，清理不利于私有产权保护的法规政策，确保个人和非公企业法人财产权不受侵犯，促进非公有制经济健康发展。清理有违公平的法律法规条款，确保各种所有制经济依法平等使用生产要素、公开公平公正参与竞争与合作、同等受到法律保护。

其次，严格平等保护各类出资人的产权权益。发展混合所有制经济，不仅要保护公有制经济的财产权不被挤占，防止国有资产流失，同时也要加强对非公有制经济合法权益的司法保护，特别是在非公有制经济主体与公有制经济主体发生经济纠纷时，要树立公平公正执法、司法观念，不得歧视非公有制经济主体。改革要依法依规、严格程序、公开公正，尊重市场选择，切实平等保护混合所有制企业各类出资人的产权权益，防止混合所有制改革中的拉郎配。加强混合所有制改革中的过程监管，坚决杜绝随意查封、扣押、冻结民营企业资产等现象。要把出资人的合法权益作为企业利益的核心。严格遵守公司法，充分保障各类资本股东依法享有资产收益、参与重大决策和选择管理者等权利。构建所有股东投资平等、权利平等、责任平等、收益分配平等、退出平等的法人治理机制，增强混合所有制企业的活力和竞争力。实现混合所有制企业所有出资人依出资比例和公司章程规定分担风险、共享权益，即"同股同权"。提升民营企业的法人治理水平以适应混合所有制改革，对于民营企业入股国有企业的新股东权益，要予以充分保障。

―・―・―・―・―・―・―・―・―・―・―・―・―・―・―・―・―・―

【资料链接】

产权是所有制的核心。健全归属清晰、权责明确、保护严格、流转顺畅的现代产权制度。公有制经济财产权不可侵犯，非公有制经济财产权同样不可侵犯。国家保护各种所有制经济产权和合法利益，保证各种所有制经济依法平等使用生产要素、公开公平公正参与市场竞争、同等受到法律保护，依法监管各种所有制经济。（《中共中央关于全面深化改革若干重大问题的决定》）

―・―・―・―・―・―・―・―・―・―・―・―・―・―・―・―・―・―

【经典案例】

中电西南公司高蓉"挪用公款"案件引发专家争议

2014年10月27日，成都市成华区法院以挪用公款和私分国有资产罪判处高蓉有期徒刑7年，此案引发了社会各界尤其是法学界的广泛讨论。2003年，中国电子进出口总公司（简称中电总公司）的全资公司中电西南进出口公司（简称中电西南公司）经营管理陷入困境。中电西南公司时任总经理刘德安找到四川中经公司原股东高蓉，希望进行项目合作，以推动企业改制。2003年3月27日，中电总公司和高蓉等7人团队签署了协议书，明确规定：中电总公司与高蓉团队以债转股的形式分别持有中电西南公司45%和55%的股份，且高蓉担任总经理、前任总经理刘德安担任副总经理。合作之后，中电西南公司接手了很多海外工程的承包项目，合同金额高达上亿美元，项目利润亦有上亿元人民币，双方合作使一个濒临倒闭的国有企业起死回生。2009年年底，高蓉等人决定成立亚特兰蒂斯公司，以承接安哥拉二期工程中的项目，并于2010年1月以另外四个自然人为名义股东正式成立亚特兰蒂斯公司。其中，为了使亚特兰蒂斯公司符合施工资质要求，高蓉等人决定增加注册资本，于是中电西南公司将1000万元的信用额度以承兑汇票的方式开给亚特兰蒂斯公司。为此，成华区检察院指控高蓉"挪用公款"。同时，还因高蓉向职工分发资金等指控其"私分国有资产"。

此案宣判后引发了专家争议，争议的焦点在于合作后的中电西南公司是否仍为国有企业、高蓉是否为国企高管，认为其本质属于产权保护问题。中国政法大学教授陈光中、樊崇义、阮齐林、赵旭东，中国人民大学教授陈卫东，北京师范大学刑事法律科学研究院院长赵秉志，清华大学教授张明楷，北京大学教授甘培忠等专家认为：合作后的中电西南公司实质上已是混合所有制企业，高蓉并非国家工作人员，其"挪用公款"和"私分国有资产"是企业的正常决策，两项罪名均不能成立。

（资料来源：吕庆福《混合所有制经济为何"上热下冷"》，《经济参考报》2015年4月21日。）

2. 依法平等保护出资人的知识产权权益

国有企业混合所有制改革必须高度重视、平等保护出资人的知识产权权益，促进创新体系的形成和发展。创新是国家和企业持续发展的生命。知识产权保护是创新和经济发展的重要保障。到 2020 年我国要进入创新型国家行列，迫切要求完善对各类知识产权依法进行有效保护的制度。修订后的《公司法》规定，自 2014 年 3 月 1 日起，设立企业时知识产权出资比例不受限制，公司股东自行协商知识产权出资比例及时间，即知识产权出资比例最高可达 100%。具体来讲，依法平等保护出资人知识产权权益，需要进一步重点做好以下工作。

首先，加快建立知识产权评估机构和知识产权评估体系，科学评估知识产权的价值，合理确定知识产权投资人在混合所有制企业中的股份。建议相关部门尽快制定知识产权价值评估指导意见，加快建立知识产权评估机构和知识产权评估体系，尽力减少混合所有制改革中出现的资产流失、贬损和纠纷。

其次，平等对待不同类型出资人的知识产权，混合所有制企业在使用合作企业或个人的知识产权时，应当按照市场价值按期支付许可费或使用费，依法保障各方的原有权益。

最后，规范合作创新和研发成果的归属问题，消除混合所有制企业成立后知识产权的所有权争议，为企业的未来发展铺平道路。

【专家视点】

巨拴科：知识产权已成为支撑混合所有制经济发展的重要资源

全国政协委员、陕西省知识产权局局长巨拴科在 2015 年"两会"提案中指出，知识产权已成为引领和支撑混合所有制经济可持续发展的重要资源。因此，建议财政部完善现行会计制度，通过制定相关政策，使企业能将知识产权作为资产纳入企业资产核算中，以保证知识产权在出资、并购、转让、质押等活动中真正体现其应有的资产价值。同时，加快建立知识产权评估机构和知识产权评估体系。

（资料来源：王康《完善知识产权价值评估，促进混合所有制经济发展》，中国知识产权资讯网，2015 年 3 月 8 日。）

+·+

（二）健全多层次资本市场

《意见》明确指出要健全多层次资本市场。实行混合所有制改革，出资人的多样化也会带来资本类型的多样化，不同投资主体既有转让股份的权利，也有转让股份的需要，以便让资源更好地向优秀企业和优秀企业家集中。建立完善的多层次资本市场，完善金融产品交易和转让机制，成为营造国企混合所有制改革良好环境的重要内容。

1. 加快建立健全场外交易市场，完善金融产品交易机制

建立健全场外交易市场，完善多元化金融产品交易机制，是混合所有制企业成立和发展的重要支撑。建立多层次资本市场是我国资本市场发展的基本趋势。完善的资本市场由场内和场外交易市场共同构成。场外交易市场，是指在证券交易所之外由证券买卖双方议价成交的市场。交易的证券以不在交易所上市的证券为主，它没有固定的、集中的交易场所，而是由许多独立经营的证券经营机构分别进行交易，主要依靠电话、电报、传真和网络联系成交。场外交易市场主要承担非上市股份公司股权交易，能够帮助企业拓宽融资渠道、有效改善融资环境、降低经营风险。当前，我国因为规模与资质不符而无法上市的公司较多，非上市公司的股权交易需求旺盛。而我国的场外交易市场还存在制度不完善、市场相对混乱、效率不高、交

易不活跃、融资困难等一些问题。因此，健全场外交易市场，完善多元化金融产品交易机制，是当前资本市场建设的重要任务。具体来讲，需要重点做好以下工作。

首先，尽快统一规范交易规则。要尽快制定统一且覆盖不同层级场外市场的完整交易规则，主要包括以下三类。一是关于市场准入的规则，包括挂牌公司准入、投资者准入、做市商准入、保荐人准入、中介服务机构准入等方面的规则；二是关于市场主体权利和义务的规则；三是规范和监管交易行为和交易流程的规则。当前，针对做市商、保荐人、投资人、专业中介机构，实践要求尽快统一规范《注册管理办法》《登记托管办法》以及《资金清算管理办法》。针对市场交易流程管理，实践要求尽快统一规范《专业中介机构注册指引》《尽职调查指引》《年度报告指引》等相关可操作性文件。

其次，完善场外交易市场监管制度。尽快完善相关的监管制度，特别是要建立健全针对做市商的成交报告制度、报价监管制度、卖空交易监管制度、交易信息披露制度等，构建有效的监管体系，实现属地化、专业化监管，为场外交易市场的健康发展保驾护航。

最后，完善多元化金融产品交易机制。建立健全股权、债权、物权、知识产权及信托、融资租赁、产业投资基金等金融产品交易平台，提高市场价值发现和价格形成的能力。完善公开、透明的统一报价机制。完善风险监测和预警机制，保证资产所有者的利益不受侵犯。努力推进技术系统整合，确保不同类型的产品之间能够自由交易，加强互联互通和大数据监管，降低市场风险。

【资料链接】

加快多层次股权市场建设。强化证券交易所市场的主导地位，充分发挥证券交易所的自律监管职能。壮大主板、中小企业板市场，创新交易机制，丰富交易品种……加快完善全国中小企业股份转让系统，建立小额、便捷、灵活、多元的投融资机制。在清理整顿的基础上，将区域性股权市场纳入多层次资本市场体系。完善集中统一的登记结算制度。（《关于进一步促进资本市场健康发展的若干意见》）

2. 建立规范的区域性股权市场，健全第三方服务体系

为了更好地服务于地方企业参与国有企业混合所有制改革，促进资产证券化和资本流动，应建立规范的区域性股权市场，健全第三方服务体系。具体来讲，需要重点做好以下工作。

首先，建立规范的区域性股权市场。完善区域性股权市场的挂牌制度、投资者适当性制度和融资渠道，促使区域性股权市场成为企业投融资对接平台和企业改制规范平台，促进小微企业融资和发展，提高资产的流动性，降低混合所有制改革中的投资风险。要建立工商登记部门与区域性股权市场的股权登记对接机制，支持股权质押融资。建立区域性股权市场与全国中小企业股份制转让系统的合作机制，有效促进区域性股权市场竞争，引导区域性股权市场规范有序发展。研究设立专门服务于区域性股权市场的小微证券公司试点，以券商、基金的参与提升企业治理水平，促进混合所有制经济发展。

其次，健全股权登记、托管、做市商等第三方服务体系。

完善产品分类登记与备案制度和服务，确保产品日益多样化的资本市场的运转。发展第三方机构托管服务或中介服务，提高投融资活动的专业化和市场的流动性，规避市场风险和大规模信用风险。全面推行做市商制度，提高金融产品的标准化程度和市场的创新能力，促进资本市场的发展。

【政策直通车】

加快建立规则统一、交易规范的场外市场，促进非上市股份公司股权交易，完善股权、债权、物权、知识产权及信托、融资租赁、产业投资基金等产品交易机制。建立规范的区域性股权市场，为企业提供融资服务，促进资产证券化和资本流动，健全股权登记、托管、做市商等第三方服务体系。（《关于国有企业发展混合所有制经济的意见》）

【混改小百科】

什么是资产证券化

资产证券化，是指将缺乏流动性的资产，转换为在资本市场上可以自由买卖的证券的行为，从而可以筹集资金的一种直接融资方式。例如，你有一栋楼，未来 5 年能收 5000 万租金，那么这 5000 万租金就是未来稳定的现金收入。为了能一次性得到 5 年的租金，你将这栋楼 5 年的所有权转让给券商，而券商将它改良、组合为产品，以证券的方式销售给投资人。你不用付息拿到了现金，投资人之所以可能获得收益，是因为看涨这栋楼未来 5 年带来的收益。

3. 探索建立统一结算制度，完善股权公开转让和报价机制

统一的登记结算制度、股权公开转让和报价机制是与发展多层次资本市场和混合所有制经济密切相关的两种制度。探索建立统一结算制度是当前国内外交易场所的主要发展方向。我国应以具备条件的区域性股权市场、产权市场为载体，积极探索建立统一结算制度。具体来讲，需要重点做好以下工作。首先，以证券法修订为契机，推动进一步完善登记结算基本法律制度。其次，积极稳妥推进账户整合工作，完善交易结算资金第三方存管制度，努力推进技术系统整合。再次，确保登记结算基础设施安全、高效、稳定运行，积极推进区域性股权市场基础设施建设。最后，完善结算风险监测系统，提高预警和评估能力。

为了确保混合所有制企业的正常发展、降低出资人变动所带来的风险，有必要完善股权公开转让和报价机制。具体来讲，当前需要做好以下工作。首先，保障出资人自由转让股权的合法权利，但转让行为要公开、透明，规避私下操作等行为所引发的风险。其次，建立完善的报价机制，提高市场的价格发现能力，有效保护各方出资人的利益。最后，全面推行做市商制度。

【政策直通车】

健全多层次资本市场。……以具备条件的区域性股权、产权市场为载体，探索建立统一结算制度，完善股权公开转让和报价机制。制定场外市场交易规则和规范监管制度，明确监管主体，实行属地化、专业化监管。（《关于国有企业发展混合所有制经济的意见》）

（三）建立健全法律法规制度

《意见》明确指出，健全混合所有制经济相关法律法规和规章。与国有资本完全控股的国有企业相比，混合所有制企业在治理结构、企业目标与职能、市场退出决策等方面均存在明显差异。各类资本迫切要求建立起完善的、符合混合所有制经济发展要求的法律法规体系，只有如此，才会放心大胆地参与发展混合所有制经济。目前，我国发展混合所有制经济所需要的法律保障体系尚不健全，迫切要求加快相关法律法规的修订工作以及规范保障混合所有制经济发展的立法工作，确保国企混合所有制改革于法有据。

1. 依法及时修改混合所有制经济相关法律法规

调动各类资本参与发展混合所有制经济的积极性，迫切要求依法及时修改不利于混合所有制经济发展的相关法律法规，保障所有出资人的合法权益。具体来讲，当前需要做好以下工作。

首先，根据改革需要抓紧对合同法、物权法、公司法、企业国有资产法、企业破产法中有关法律制度进行研究，依照法定程序及时提请修改。第一，尽快修改和调整公司法等原有法律法规中不利于企业特别是民营企业准入的条款，形成促进各种所有制经济公开、公平、公正参与市场竞争的制度环境。第二，尽快修改和调整公司法等原有法律法规中单独适应于国有企业或外资企业的条款，促使所有公司统一适用公司法，提高法律规定的一致性和规范性。第三，修改完善企业国有资产法等法律法规，切实加强对国有资产所有权、经营权和企业法人财产权保护，防止国有资产流失。第四，尽快修改公司法、税法、保险法等原有法律法规中关于市场退出的税务、社保处理方面的规定，促使目前存在的"僵尸"企业尽快退出市场。

其次，尽快取消各层级政府部门制定的对企业不合理约束和干预的法规、规章，最大限度取消涉及企业依法自主经营的行政许可审批事项。全面打破妨碍企业经营的约束与障碍，破除对非国有资本的歧视性待遇。

【专家视点】

潘皓炫：混合所有制要法规制度先行

虽是国企老总，全国人大代表、江门金羚集团公司董事长潘皓炫却特别关心混合所有制经济中的民资。2014 年"两会"期间，潘皓炫曾指出："一个很现实的问题是，企业混合了，高层按哪种方式产生？"

在潘皓炫看来，最让民营企业家感到困扰的是，目前国有企业的管理带有太多行政管理烙印，例如干部主要还是行政任命，可企业要真正走向市场，高管的聘任就应该遵循市场规则，由股东任命。

潘皓炫表示，民营企业家还担心投入国有企业的钱会不会出不来，因为还没有一个明确、有效的退出机制。

（资料来源：何东霞《混合所有制要法规制度先行》，《工人日报》2014 年 3 月 9 日。）

2. 加快制定保障混合所有制经济发展的法律法规

目前，改革迫切要求尽快形成保障混合所有制经济发展的法律法规体系。具体来讲，当前需要制定以下法律法规。

第一，产权保护法律法规。按照过错责任原则、所有权不可侵犯原则与契约自由原则，加快民法典制定，研究制定股份合作经济（企业）管理办法，完善符合混合所有制经济发展的产权保护制度。进一步健全保护国有、集体、非公有产权的法律法规，切实加强对各类产权的平等保护，防止混合所有制改革中国有资产流失和非公有资产受损。

第二，市场准入和退出法律法规。进一步健全市场准入与退出法律法规，明确规定市场主体进入和退出的条件、程序和法律责任，促使市场准入与退出便利化，提高整体经济效率。

第三，交易规则法律法规。一是建立健全合理的产权交易规则，保证不同类型出资人之间的资产交流与合作；二是建立健全公平的产品交易规则，确保企业能够在市场中获得应有的收益，保障市场机制作用的发挥。

第四，公平竞争法律法规。完善税收法律制度，严格遵守税收法定，严禁越权税收减免。完善社会信用法律体系，努力解决企业、个人信用缺失问题。探索实施公平竞争审查制度，纠正地方政府不当补贴或利用行政权力限制、排除竞争的行为。打破地区和行政封锁，维护全国统一市场和公平竞争。

【政策直通车】

健全混合所有制经济相关法律法规和规章，加大法律法规立、改、废、释工作力度，确保改革于法有据。根据改革需要抓紧对合同法、物权法、公司法、企业国有资产法、企业破产法中有关法律制度进行研究，依据法定程序及时提请修改。推动加快制定有关产权保护、市场准入和退出、交易规则公平竞争等方面法律法规。（《关于国有企业发展混合所有制经济的意见》）

附　录

中共中央、国务院
《关于深化国有企业改革的指导意见》

（2015 年 8 月 24 日）

国有企业属于全民所有，是推进国家现代化、保障人民共同利益的重要力量，是我们党和国家事业发展的重要物质基础和政治基础。改革开放以来，国有企业改革发展不断取得重大进展，总体上已经同市场经济相融合，运行质量和效益明显提升，在国际国内市场竞争中涌现出一批具有核心竞争力的骨干企业，为推动经济社会发展、保障和改善民生、开拓国际市场、增强我国综合实力作出了重大贡献，国有企业经营管理者队伍总体上是好的，广大职工付出了不懈努力，成就是突出的。但也要看到，国有企业仍然存在一些亟待解决的突出矛盾和问题，一些企业市场主体地位尚未真正确立，现代企业制度还不健全，国有资产监管体制有待完善，国有资本运行效率需进一步提高；一些企业管理混乱，内部人控制、利益输送、国有资产流失等问题突出，企业办社会职能和历史遗留问题还未完全解决；一些企业党组织管党治党责任不落实、作用被弱化。面向未来，国有企业面临日益激烈的国际竞争和转型升级的巨大挑战。在推动我国经济保持中高速增长和迈向中高端水平、完善和发展中国特色社会主义制度、实现中华民族伟大复兴中国梦的进程中，国有企业肩负着重大历史使命和责任。要认真贯彻落实党中央、国务院战略决策，按照"四个全面"战略布局的要求，以经济建设为中心，坚持问题导向，继续推进国有企业改革，切实破除体制机制障碍，坚定不移做强做优做大国有企业。为此，提出以下意见。

一、总体要求

（一）指导思想

高举中国特色社会主义伟大旗帜，认真贯彻落实党的十八大和十八届三中、四中全会精神，深入学习贯彻习近平总书记系列重要讲话精神，坚持和完善基本经济制度，坚持社会主义市场经济改革方向，适应市场化、现代化、国际化新形势，以解放和发展社会生产力为标准，以提高国有资本效率、增强国有企业活力为中心，完善产权清晰、权责明确、政企分开、管理科学的现代企业制度，完善国有资产监管体制，防止国有资产流失，全面推进依法治企，加强和改进党对国有企业的领导，做强做优做大国有企业，不断增强国有经济活力、控制力、影响力、抗风险能力，主动适应和引领经济发展新常态，为促进经济社会持续健康发展、实现中华民族伟大复兴中国梦作出积极贡献。

（二）基本原则

——坚持和完善基本经济制度。这是深化国有企业改革必须把握的根本要求。必须毫不动摇巩固和发展公有制经济，毫不动摇鼓励、支持、引导非公有制经济发展。坚持公有制主体地位，发挥国有经济主导作用，积极促进国有资本、集体资本、非公有资本等交叉持股、相互融合，推动各种所有制资本取长补短、相互促进、共同发展。

——坚持社会主义市场经济改革方向。这是深化国有企业改革必须遵循的基本规律。国有企业改革要遵循市场经济规律和企业发展规律，坚持政企分开、政资分开、所有权与经营权分离，坚持权利、义务、责任相统一，坚持激励机制和约束机制相结合，促使国有企业真正成为依法自主经营、自负盈亏、自担风险、自我约束、自我发展的独立市场主体。社会主义市场经济条件下的国有企业，要成为自觉履行社会责任的表率。

——坚持增强活力和强化监管相结合。这是深化国有企业改革必须把握的重要关系。增强活力是搞好国有企业的本质要求，加强监管是搞好国有企业的重要保障，要切实做到两者的有机统一。继续推进简政放权，依法落实企业法人财产权和经营自主权，进一步激发企业活力、创造力和市场竞争力。进一步完善国有企业监管制度，切实防止国有资产流失，确保国有资产保值增值。

——坚持党对国有企业的领导。这是深化国有企业改革必须坚守的政治方向、政治原则。要贯彻全面从严治党方针，充分发挥企业党组织政治核心作用，加强企业领导班子建设，创新基层党建工作，深入开展党风廉政建设，坚持全心全意依靠工人阶级，维护职工合法权益，为国有企业改革发展提供坚强有力的政治保证、组织保证和人才支撑。

——坚持积极稳妥统筹推进。这是深化国有企业改革必须采用的科学方法。要正确处理推进改革和坚持法治的关系，正确处理改革发展稳定关系，正确处理搞好顶层设计和尊重基层首创精神的关系，突出问题导向，坚持分类推进，把握好改革的次序、节奏、力度，确保改革扎实推进、务求实效。

（三）主要目标

到 2020 年，在国有企业改革重要领域和关键环节取得决定性成果，形成更加符合我国基本经济制度和社会主义市场经济发展要求的国有资产管理体制、现代企业制度、市场化经营机制，国有资本布局结构更趋合理，造就一大批德才兼备、善于经营、充满活力的优秀企业家，培育一大批具有创新能力和国际竞争力的国有骨干企业，国有经济活力、控制力、影响力、抗风险能力明显增强。

——国有企业公司制改革基本完成，发展混合所有制经济取得积极进展，法人治理结构更加健全，优胜劣汰、经营自主灵活、内部管理人员能上能下、员工能进能出、收入能增能减的市场化机制更加完善。

——国有资产监管制度更加成熟，相关法律法规更加健全，监管手段和方式不断优化，监管的科学性、针对性、有效性进一步提高，经营性国有资产实现集中统一监管，国有资产保值增值责任全面落实。

——国有资本配置效率显著提高，国有经济布局结构不断优化、主导作用有效发挥，国有企业在提升自主创新能力、保护资源环境、加快转型升级、履行社会责任中的引领和表率作用充分发挥。

——企业党的建设全面加强，反腐倡廉制度体系、工作体系更加完善，国有企业党组织在公司治理中的法定地位更加巩固，政治核心作用充分发挥。

二、分类推进国有企业改革

（四）划分国有企业不同类别。根据国有资本的战略定位和发展目标，结合不同国有企业在经济社会发展中的作用、现状和发展需要，将国有企业分为商业类和公益类。通过界定功能、划分类别，实行分类改革、分类发展、分类监管、分类定责、分类考核，提高改革的针对性、监管的有效性、考核评价的科学性，推动国有企业同市场经济深入融合，促进国有企业经济效益和社会效益有机统一。按照谁出资谁分类的原则，由履行出资人职责的机构负责制定所出资企业的功能界定和分类方案，报本级政府批准。各地区可结合实际，划分并动态调整本地区国有企业功能类别。

（五）推进商业类国有企业改革。商业类国有企业按照市场化要求实行商业化运作，以增强国有经济活力、放大国有资本功能、实现国有资产保值增值为主要目标，依法独立自主开展生产经营活动，实现优胜劣汰、有序进退。

主业处于充分竞争行业和领域的商业类国有企业，原则上都要实行公司制股份制改革，积极引入其他国有资本或各类非国有资本实现股权多元化，国有资本可以绝对控股、相对控股，也可以参股，并着力推进整体上市。对这些国有企业，重点考核经营业绩指标、国有资产保值增值和市场竞争能力。

主业处于关系国家安全、国民经济命脉的重要行业和关键领域、主要承担重大专项任务的商业类国有企业，要保持国有资本控股地位，支持非国有资本参股。对自然垄断行业，实行以政企分开、政资分开、特许经营、政府监管为主要内容的改革，根据不同行业特点实行网运分开、放开竞争性业务，促进公共资源配置市场化；对需要实行国有全资的企业，也要积极引入其他国有资本实行股权多元化；对特殊业务和竞争性业务实行业务板块有效分离，独立运作、独立核算。对这些国有企业，在考核经营业绩指标和国有资产保值增值情况的同时，加强对服务国家战略、保障国家安全和国民经济运行、发展前瞻性战略性产业以及完成特殊任务的考核。

（六）推进公益类国有企业改革。公益类国有企业以保障民生、服务社会、提供公共产品和服务为主要目标，引入市场机制，提高公共服务效率和能力。这类企业可以采取国有独资形式，具备条件的也可以推行投资主体多元化，还可以通过购买服务、特许经营、委托代理等方式，鼓励非国有企业参与经营。对公益类国有企业，重点考核成本控制、产品服务质量、营运效率和保障能力，根据企业不同特点有区别地考核经营业绩指标和国有资产保值增值情况，考核中要引入社会评价。

三、完善现代企业制度

（七）推进公司制股份制改革。加大集团层面公司制改革力度，积极引入各类投资者实现股权多元化，大力推动国有企业改制上市，创造条件实现集团公司整体上市。根据不同企业的功能定位，逐步调整国有股权比例，形成股权结构多元、股东行为规范、内部约束有效、运行高效灵活的经营机制。允许将部分国有资本转化为优先股，在少数特定领域探索建立国家特殊管理股制度。

（八）健全公司法人治理结构。重点是推进董事会建设，建立健全权责对等、运转协调、有效制衡的决策执行监督机制，规范董事长、总经理行权行为，充分发挥董事会的决策作用、监事会的监督作用、经理层的经营管理作用、党组织的政治核心作用，切实解决一些企业董事会形同虚设、"一把手"说了算的问题，实现规范的公司治理。要切实落实和维护董事会依法行使重大决策、选人用人、薪酬分配等权利，保障经理层经营自主权，法无授权任何政府部门和机构不得干预。加强董事会内部的制衡约束，国有独资、全资公司的董事会和监事会均应有职工代表，董事会外部董事应占多数，落实一人一票表决制度，董事对董事会决议承担责任。改进董事会和董事评价办法，强化对董事的考核评价和管理，对重大决策失误负有直接责任的要及时调整或解聘，并依法追究责任。进一步加强外部董事队伍建设，拓宽来源渠道。

（九）建立国有企业领导人员分类分层管理制度。坚持党管干部原则与董事会依法产生、董事会依法选择经营管理者、经营管理者依法行使用人权相结合，不断创新有效实现形式。上级党组织和国有资产监管机构按照管理权限加强对国有企业领导人员的管理，广开推荐渠道，依规考察提名，严格履行选用程序。根据不同企业类别和层级，实行选任制、委任制、聘任制等不同选人用人方式。推行职业经理人制度，实行内部培养和外部引进相结合，畅通现有经营管理者与职业经理人身份转换通道，董事会按市场化方式选聘和管理职业经理人，合理增加市场化选聘比例，加快建立退出机制。推行企业经理层成员任期制和契约化管理，明确责任、权利、义务，严格任期管理和目标考核。

（十）实行与社会主义市场经济相适应的企业薪酬分配制度。企业内部的薪酬分配权是企业的法定权利，由企业依法依规自主决定，完善既有激励又有约束、既讲效率又讲公平、既符合企业一般规律又体现国有企业特点的分配机制。建立健全与劳动力市场基本适应、与企业经济效益和劳动生产率挂钩的工资决定和正常增长机制。推进全员绩效考核，以业绩为导向，科学评价不同岗位员工的贡献，合理拉开收入分配差距，切实做到收入能增能减和奖惩分明，充分调动广大职工积极性。对国有企业领导人员实行与选任方式相匹配、与企业功能性质相适应、与经营业绩相挂钩的差异化薪酬分配办法。对党中央、国务院和地方党委、政府及其部门任命的国有企业领导人员，合理确定基本年薪、绩效年薪和任期激励收入。对市场化选聘的职业经理人实行市场化薪酬分配机制，可以采取多种方式探索完善中长期激励机制。健全与激励机制相对称的经济责任审计、信息披露、延期支付、追索扣回等约束机制。严格规范履职待遇、业务支出，严禁将公款用于个人支出。

（十一）深化企业内部用人制度改革。建立健全企业各类管理人员公开招聘、竞争上岗等制度，对特殊管理人员可以通过委托人才中介机构推荐等方式，拓宽选人用人视野和渠道。建立分级分类的企业员工市场化公开招聘制度，切实做到信息公开、过程公开、结果公开。构建和谐劳动关系，依法规范企业各类用工管理，建立健全以合同管理为核心、以岗位管理为基础的市场化用工制度，真正形成企业各类管理人员能上能下、员工能进能出的合理流动机制。

四、完善国有资产管理体制

（十二）以管资本为主推进国有资产监管机构职能转变。国有资产监管机构要准确把握依法履行出资人职责的定位，科学界定国有资产出资人监管的边界，建立监管权力清单和责任清单,实现以管企业为主向以管资本为主的转变。该管的要科学管理、决不缺位,重点管好国有资本布局、规范资本运作、提高资本回报、维护资本安全;不该管的要依法放权、决不越位,将依法应由企业自主经营决策的事项归位于企业,将延伸到子企业的管理事项原则上归位于一级企业,将配合承担的公共管理职能归位于相关政府部门和单位。大力推进依法监管,着力创新监管方式和手段,改变行政化管理方式,改进考核体系和办法,提高监管的科学性、有效性。

(十三)以管资本为主改革国有资本授权经营体制。改组组建国有资本投资、运营公司,探索有效的运营模式,通过开展投资融资、产业培育、资本整合,推动产业集聚和转型升级,优化国有资本布局结构;通过股权运作、价值管理、有序进退,促进国有资本合理流动,实现保值增值。科学界定国有资本所有权和经营权的边界,国有资产监管机构依法对国有资本投资、运营公司和其他直接监管的企业履行出资人职责,并授权国有资本投资、运营公司对授权范围内的国有资本履行出资人职责。国有资本投资、运营公司作为国有资本市场化运作的专业平台,依法自主开展国有资本运作,对所出资企业行使股东职责,按照责权对应原则切实承担起国有资产保值增值责任。开展政府直接授权国有资本投资、运营公司履行出资人职责的试点。

(十四)以管资本为主推动国有资本合理流动优化配置。坚持以市场为导向、以企业为主体,有进有退、有所为有所不为,优化国有资本布局结构,增强国有经济整体功能和效率。紧紧围绕服务国家战略,落实国家产业政策和重点产业布局调整总体要求,优化国有资本重点投资方向和领域,推动国有资本向关系国家安全、国民经济命脉和国计民生的重要行业和关键领域、重点基础设施集中，向前瞻性战略性产业集中，向具有核心竞争力的优势企业集中。发挥国有资本投资、运营公司的作用，清理退出一批、重组整合一批、创新发展一批国有企业。建立健全优胜劣汰市场化退出机制，充分发挥失业救济和再就业培训等的作用，解决好职工安置问题，切实保障退出企业依法实现关闭或破产，加快处置低效无效资产，淘汰落后产能。支持企业依法合规通过证券交易、产权交易等资本市场，以市场公允价格处置企业资产，实现国有资本形态转换，变现的国有资本用于更需要的领域和行业。推动国有企业加快管理创新、商业模式创新，合理限定法人层级，有效压缩管理层级。发挥国有企业在实施创新驱动发展战略和制造强国战略中的骨干和表率作用，强化企业在技术创新中的主体地位，重视培养科研人才和高技能人才。支持国有企业开展国际化经营，鼓励国有企业之间以及与其他所有制企业以资本为纽带，强强联合、优势互补，加快培育一批具有世界一流水平的跨国公司。

（十五）以管资本为主推进经营性国有资产集中统一监管。稳步将党政机关、事业单位所属企业的国有资本纳入经营性国有资产集中统一监管体系，具备条件的进入国有资本投资、运营公司。加强国有资产基础管理，按照统一制度规范、统一工作体系的原则，抓紧制定企业国有资产基础管理条例。建立覆盖全部国有企业、分级管理的国有资本经营预算管理制度，提高国有资本收益上缴公共财政比例，2020年提高到30%，更多用于保障和改善民生。划转部分国有资本充实社会保障基金。

五、发展混合所有制经济

（十六）推进国有企业混合所有制改革。以促进国有企业转换经营机制，放大国有资本功能，提高国有资本配置和运行效率，实现各种所有制资本取长补短、相互促进、共同发展为目标，稳妥推动国有企业发展混合所有制经济。对通过实行股份制、上市等途径已经实行混合所有制的国有企业，要着力在完善现代企业制度、提高资本运行效率上下功夫；对于适宜继续推进混合所有制改革的国有企业，要充分发挥市场机制作用，坚持因地施策、因业施策、因企施策，宜独则独、宜控则控、宜参则参，不搞拉郎配，不搞全覆盖，不设时间表，成熟一个推进一个。改革要依法依规、严格程序、公开公正，切实保护混合所有制企业各类出资人的产权权益，杜绝国有资产流失。

（十七）引入非国有资本参与国有企业改革。鼓励非国有资本投资主体通过出资入股、收购股权、认购可转债、股权置换等多种方式，参与国有企业改制重组或国有控股上市公司增资扩股以及企业经营管理。实行同股同权，切实维护各类股东合法权益。在石油、天然气、电力、铁路、电信、资源开发、公用事业等领域，向非国有资本推出符合产业政策、有利于转型升级的项目。依照外商投资产业指导目录和相关安全审查规定，完善外资安全审查工作机制。开展多类型政府和社会资本合作试点，逐步推广政府和社会资本合作模式。

（十八）鼓励国有资本以多种方式入股非国有企业。充分发挥国有资本投资、运营公司的资本运作平台作用，通过市场化方式，以公共服务、高新技术、生态环保、战略性产业为重点领域，对发展潜力大、成长性强的非国有企业进行股权投资。鼓励国有企业通过投资入股、联合投资、重组等多种方式，与非国有企业进行股权融合、战略合作、资源整合。

（十九）探索实行混合所有制企业员工持股。坚持试点先行，在取得经验基础上稳妥有序推进，通过实行员工持股建立激励约束长效机制。优先支持人才资本和技术要素贡献占比较高的转制科研院所、高新技术企业、科技服务型企业开展员工持股试点，支持对企业经营业绩和持续发展有直接或较大影响的科研人员、经营管理人员和业务骨干等持股。员工持股主要采取增资扩股、出资新设等方式。完善相关政策，健全审核程序，规范操作流程，严格资产评估，建立健全股权流转和退出机制，确保员工持股公开透明，严禁暗箱操作，防止利益输送。

六、强化监督防止国有资产流失

（二十）强化企业内部监督。完善企业内部监督体系，明确监事会、审计、纪检监察、巡视以及法律、财务等部门的监督职责，完善监督制度，增强制度执行力。强化对权力集中、资金密集、资源富集、资产聚集的部门和岗位的监督，实行分事行权、分岗设权、分级授权，定期轮岗，强化内部流程控制，防止权力滥用。建立审计部门向董事会负责的工作机制。落实企业内部监事会对董事、经理和其他高级管理人员的监督。进一步发挥企业总法律顾问在经营管理中的法律审核把关作用，推进企业依法经营、合规管理。集团公司要依法依规、尽职尽责加强对子企业的管理和监督。大力推进厂务公开，健全以职工代表大会为基本形式的企业民主管理制度，加强企业职工民主监督。

（二十一）建立健全高效协同的外部监督机制。强化出资人监督，加快国有企业行为规范法律法规制度建设，加强对企业关键业务、改革重点领域、国有资本运营重要环节以及境外国有资产的监督，规范操作流程，强化专业检查，开展总会计师由履行出资人职责机构委派的试点。加强和改进外派监事会制度，明确职责定位，强化与有关专业监督机构的协作，加强当期和事中监督，强化监督成果运用，建立健全核查、移交和整改机制。健全国有资本审计监督体系和制度，实行企业国有资产审计监督全覆盖，建立对企业国有资本的经常性审计制度。加强纪检监察监督和巡视工作，强化对企业领导人员廉洁从业、行使权力等的监督，加大大案要案查处力度，狠抓对存在问题的整改落实。整合出资人监管、外派监事会监督和审计、纪检监察、巡视等监督力量，建立监督工作会商机制，加强统筹，创新方式，共享资源，减少重复检查，提高监督效能。建立健全监督意见反馈整改机制，形成监督工作的闭环。

（二十二）实施信息公开加强社会监督。完善国有资产和国有企业信息公开制度，设立统一的信息公开网络平台，依法依规、及时准确披露国有资本整体运营和监管、国有企业公司治理以及管理架构、经营情况、财务状况、关联交易、企业负责人薪酬等信息，建设阳光国企。认真处理人民群众关于国有资产流失等问题的来信、来访和检举，及时回应社会关切。充分发挥媒体舆论监督作用，有效保障社会公众对企业国有资产运营的知情权和监督权。

（二十三）严格责任追究。建立健全国有企业重大决策失误和失职、渎职责任追究倒查机制，建立和完善重大决策评估、决策事项履职记录、决策过错认定标准等配套制度，严厉查处侵吞、贪污、输送、挥霍国有资产和逃废金融债务的行为。建立健全企业国有资产的监督问责机制，对企业重大违法违纪问题敷衍不追、隐匿不报、查处不力的，严格追究有关人员失职渎职责任，视不同情形给予纪律处分或行政处分，构成犯罪的，由司法机关依法追究刑事责任。

七、加强和改进党对国有企业的领导

（二十四）充分发挥国有企业党组织政治核心作用。把加强党的领导和完善公司治理统一起来，将党建工作总体要求纳入国有企业章程，明确国有企业党组织在公司法人治理结构中的法定地位，创新国有企业党组织发挥政治核心作用的途径和方式。在国有企业改革中坚持党的建设同步谋划、党的组织及工作机构同步设置、党组织负责人及党务工作人员同步配备、党的工作同步开展，保证党组织工作机构健全、党务工作者队伍稳定、党组织和党员作用得到有效发挥。坚持和完善双向进入、交叉任职的领导体制，符合条件的党组织领导班子成员可以通过法定程序进入董事会、监事会、经理层，董事会、监事会、经理层成员中符合条件的党员可以依照有关规定和程序进入党组织领导班子；经理层成员与党组织领导班子成员适度交叉任职；董事长、总经理原则上分设，党组织书记、董事长一般由一人担任。

国有企业党组织要切实承担好、落实好从严管党治党责任。坚持从严治党、思想建党、制度治党，增强管党治党意识，建立健全党建工作责任制，聚精会神抓好党建工作，做到守土有责、守土负责、守土尽责。党组织书记要切实履行党建工作第一责任人职责，党组织班子其他成员要切实履行"一岗双责"，结合业务分工抓好党建工作。中央企业党组织书记同时担任企业其他主要领导职务的，应当设立 1 名专职抓企业党建工作的副书记。加强国有企业基层党组织建设和党员队伍建设，强化国有企业基层党建工作的基础保障，充分发挥基层党组织战斗堡垒作用、共产党员先锋模范作用。加强企业党组织对群众工作的领导，发挥好工会、共青团等群团组织的作用，深入细致做好职工群众的思想政治工作。把建立党的组织、开展党的工作，作为国有企业推进混合所有制改革的必要前提，根据不同类型混合所有制企业特点，科学确定党组织的设置方式、职责定位、管理模式。

（二十五）进一步加强国有企业领导班子建设和人才队伍建设。根据企业改革发展需要，明确选人用人标准和程序，创新选人用人方式。强化党组织在企业领导人员选拔任用、培养教育、管理监督中的责任，支持董事会依法选择经营管理者、经营管理者依法行使用人权，坚决防止和整治选人用人中的不正之风。加强对国有企业领导人员尤其是主要领导人员的日常监督管理和综合考核评价，及时调整不胜任、不称职的领导人员，切实解决企业领导人员能上不能下的问题。以强化忠诚意识、拓展世界眼光、提高战略思维、增强创新精神、锻造优秀品行为重点，加强企业家队伍建设，充分发挥企业家作用。大力实施人才强企战略，加快建立健全国有企业集聚人才的体制机制。

（二十六）切实落实国有企业反腐倡廉"两个责任"。国有企业党组织要切实履行好主体责任，纪检机构要履行好监督责任。加强党性教育、法治教育、警示教育，引导国有企业领导人员坚定理想信念，自觉践行"三严三实"要求，正确履职行权。建立切实可行的责任追究制度，与企业考核等挂钩，实行"一案双查"。推动国有企业纪律检查工作双重领导体制具体化、程序化、制度化，强化上级纪委对下级纪委的领导。加强和改进国有企业巡视工作，强化对权力运行的监督和制约。坚持运用法治思维和法治方式反腐败，完善反腐倡廉制度体系，严格落实反"四风"规定，努力构筑企业领导人员不敢腐、不能腐、不想腐的有效机制。

八、为国有企业改革创造良好环境条件

（二十七）完善相关法律法规和配套政策。加强国有企业相关法律法规立改废释工作，确保重大改革于法有据。切实转变政府职能，减少审批、优化制度、简化手续、提高效率。完善公共服务体系，推进政府购买服务，加快建立稳定可靠、补偿合理、公开透明的企业公共服务支出补偿机制。完善和落实国有企业重组整合涉及的资产评估增值、土地变更登记和国有资产无偿划转等方面税收优惠政策。完善国有企业退出的相关政策，依法妥善处理劳动关系调整、社会保险关系接续等问题。

（二十八）加快剥离企业办社会职能和解决历史遗留问题。完善相关政策，建立政府和国有企业合理分担成本的机制，多渠道筹措资金，采取分离移交、重组改制、关闭撤销等方式，剥离国有企业职工家属区"三供一业"和所办医院、学校、社区等公共服务机构，继续推进厂办大集体改革，对国有企业退休人员实施社会化管理，妥善解决国有企业历史遗留问题，为国有企业公平参与市场竞争创造条件。

（二十九）形成鼓励改革创新的氛围。坚持解放思想、实事求是，鼓励探索、实践、创新。全面准确评价国有企业，大力宣传中央关于全面深化国有企业改革的方针政策，宣传改革的典型案例和经验，营造有利于国有企业改革的良好舆论环境。

（三十）加强对国有企业改革的组织领导。各级党委和政府要统一思想，以高度的政治责任感和历史使命感，切实履行

对深化国有企业改革的领导责任。要根据本指导意见，结合实际制定实施意见，加强统筹协调、明确责任分工、细化目标任务、强化督促落实，确保深化国有企业改革顺利推进，取得实效。

金融、文化等国有企业的改革，中央另有规定的依其规定执行。

国务院《关于国有企业发展混合所有制经济的意见》

国发〔2015〕54 号

各省、自治区、直辖市人民政府，国务院各部委、各直属机构：

发展混合所有制经济，是深化国有企业改革的重要举措。为贯彻党的十八大和十八届三中、四中全会精神，按照"四个全面"战略布局要求，落实党中央、国务院决策部署，推进国有企业混合所有制改革，促进各种所有制经济共同发展，现提出以下意见。

一、总体要求

（一）改革出发点和落脚点

国有资本、集体资本、非公有资本等交叉持股、相互融合的混合所有制经济，是基本经济制度的重要实现形式。多年来，一批国有企业通过改制发展成为混合所有制企业，但治理机制和监管体制还需要进一步完善；还有许多国有企业为转换经营机制、提高运行效率，正在积极探索混合所有制改革。当前，应对日益激烈的国际竞争和挑战，推动我国经济保持中高速增长、迈向中高端水平，需要通过深化国有企业混合所有制改革，推动完善现代企业制度，健全企业法人治理结构；提高国有资本配置和运行效率，优化国有经济布局，增强国有经济活力、控制力、影响力和抗风险能力，主动适应和引领经济发展新常态；促进国有企业转换经营机制，放大国有资本功能，实现国有资产保值增值，实现各种所有制资本取长补短、相互促进、共同发展，夯实社会主义基本经济制度的微观基础。在国有企业混合所有制改革中，要坚决防止因监管不到位、改革不彻底导致国有资产流失。

（二）基本原则

——政府引导，市场运作。尊重市场经济规律和企业发展规律，以企业为主体，充分发挥市场机制作用，把引资本与转机制结合起来，把产权多元化与完善企业法人治理结构结合起来，探索国有企业混合所有制改革的有效途径。

——完善制度，保护产权。以保护产权、维护契约、统一市场、平等交换、公平竞争、有效监管为基本导向，切实保护混合所有制企业各类出资人的产权权益，调动各类资本参与发展混合所有制经济的积极性。

——严格程序，规范操作。坚持依法依规，进一步健全国有资产交易规则，科学评估国有资产价值，完善市场定价机制，切实做到规则公开、过程公开、结果公开。强化交易主体和交易过程监管，防止暗箱操作、低价贱卖、利益输送、化公为私、逃废债务，杜绝国有资产流失。

——宜改则改，稳妥推进。对通过实行股份制、上市等途径已经实行混合所有制的国有企业，要着力在完善现代企业制度、提高资本运行效率上下功夫；对适宜继续推进混合所有制改革的国有企业，要充分发挥市场机制作用，坚持因地施策、因业施策、因企施策，宜独则独、宜控则控、宜参则参，不搞拉郎配，不搞全覆盖，不设时间表，一企一策，成熟一个推进一个，确保改革规范有序进行。尊重基层创新实践，形成一批可复制、可推广的成功做法。

二、分类推进国有企业混合所有制改革

（三）稳妥推进主业处于充分竞争行业和领域的商业类国有企业混合所有制改革。按照市场化、国际化要求，以增强国有经济活力、放大国有资本功能、实现国有资产保值增值为主要目标，以提高经济效益和创新商业模式为导向，充分运用整体上市等方式，积极引入其他国有资本或各类非国有资本实现股权多元化。坚持以资本为纽带完善混合所有制企业治理结构和管理方式，国有资本出资人和各类非国有资本出资人以股东身份履行权利和职责，使混合所有制企业成为真正的市场主体。

（四）有效探索主业处于重要行业和关键领域的商业类国有企业混合所有制改革。对主业处于关系国家安全、国民经济命脉的重要行业和关键领域、主要承担重大专项任务的商业类国有企业，要保持国有资本控股地位，支持非国有资本参股。对自然垄断行业，实行以政企分开、政资分开、特许经营、政府监管为主要内容的改革，根据不同行业特点实行网运分开、放开竞争性业务，促进公共资源配置市场化，同时加强分类依法监管，规范营利模式。

——重要通信基础设施、枢纽型交通基础设施、重要江河流域控制性水利水电航电枢纽、跨流域调水工程等领域，实行国有独资或控股，允许符合条件的非国有企业依法通过特许经营、政府购买服务等方式参与建设和运营。

——重要水资源、森林资源、战略性矿产资源等开发利用，实行国有独资或绝对控股，在强化环境、质量、安全监管的基础上，允许非国有资本进入，依法依规有序参与开发经营。

——江河主干渠道、石油天然气主干管网、电网等，根据不同行业领域特点实行网运分开、主辅分离，除对自然垄断环节的管网实行国有独资或绝对控股外，放开竞争性业务，允许非国有资本平等进入。

——核电、重要公共技术平台、气象测绘水文等基础数据采集利用等领域，实行国有独资或绝对控股，支持非国有企业投资参股以及参与特许经营和政府采购。粮食、石油、天然气等战略物资国家储备领域保持国有独资或控股。

——国防军工等特殊产业，从事战略武器装备科研生产、关系国家战略安全和涉及国家核心机密的核心军工能力领域，实行国有独资或绝对控股。其他军工领域，分类逐步放宽市场准入，建立竞争性采购体制机制，支持非国有企业参与武器装备科研生产、维修服务和竞争性采购。

——对其他服务国家战略目标、重要前瞻性战略性产业、生态环境保护、共用技术平台等重要行业和关键领域，加大国有资本投资力度，发挥国有资本引导和带动作用。

（五）引导公益类国有企业规范开展混合所有制改革。在水电气热、公共交通、公共设施等提供公共产品和服务的行业和领域，根据不同业务特点，加强分类指导，推进具备条件的企业实现投资主体多元化。通过购买服务、特许经营、委托代理等方式，鼓励非国有企业参与经营。政府要加强对价格水平、成本控制、服务质量、安全标准、信息披露、营运效率、保障能力等方面的监管，根据企业不同特点有区别地考核其经营业绩指标和国有资产保值增值情况，考核中要引入社会评价。

三、分层推进国有企业混合所有制改革

（六）引导在子公司层面有序推进混合所有制改革。对国有企业集团公司二级及以下企业，以研发创新、生产服务等实体企业为重点，引入非国有资本，加快技术创新、管理创新、商业模式创新，合理限定法人层级，有效压缩管理层级。明确股东的法律地位和股东在资本收益、企业重大决策、选择管理者等方面的权利，股东依法按出资比例和公司章程规定行权履职。

（七）探索在集团公司层面推进混合所有制改革。在国家有明确规定的特定领域，坚持国有资本控股，形成合理的治理结构和市场化经营机制；在其他领域，鼓励通过整体上市、并购重组、发行可转债等方式，逐步调整国有股权比例，积极引入各类投资者，形成股权结构多元、股东行为规范、内部约束有效、运行高效灵活的经营机制。

（八）鼓励地方从实际出发推进混合所有制改革。各地区要认真贯彻落实中央要求，区分不同情况，制定完善改革方案和相关配套措施，指导国有企业稳妥开展混合所有制改革，确保改革依法合规、有序推进。

四、鼓励各类资本参与国有企业混合所有制改革

（九）鼓励非公有资本参与国有企业混合所有制改革。非公有资本投资主体可通过出资入股、收购股权、认购可转债、股权置换等多种方式，参与国有企业改制重组或国有控股上市公司增资扩股以及企业经营管理。非公有资本投资主体可以货币出资，或以实物、股权、土地使用权等法律法规允许的方式出资。企业国有产权或国有股权转让时，除国家另有规定外，一般不在意向受让人资质条件中对民间投资主体单独设置附加条件。

（十）支持集体资本参与国有企业混合所有制改革。明晰集体资产产权，发展股权多元化、经营产业化、管理规范化的经济实体。允许经确权认定的集体资本、资产和其他生产要素作价入股，参与国有企业混合所有制改革。研究制定股份合作经济（企业）管理办法。

（十一）有序吸收外资参与国有企业混合所有制改革。引入外资参与国有企业改制重组、合资合作，鼓励通过海外并购、投融资合作、离岸金融等方式，充分利用国际市场、技术、人才等资源和要素，发展混合所有制经济，深度参与国际竞争和全球产业分工，提高资源全球化配置能力。按照扩大开放与加强监管同步的要求，依照外商投资产业指导目录和相关安全审查规定，完善外资安全审查工作机制，切实加强风险防范。

（十二）推广政府和社会资本合作（PPP）模式。优化政府投资方式，通过投资补助、基金注资、担保补贴、贷款贴息等，优先支持引入社会资本的项目。以项目运营绩效评价结果为依据，适时对价格和补贴进行调整。组合引入保险资金、社保基金等长期投资者参与国家重点工程投资。鼓励社会资本投资或参股基础设施、公用事业、公共服务等领域项目，使投资者在平等竞争中获取合理收益。加强信息公开和项目储备，建立综合信息服务平台。

（十三）鼓励国有资本以多种方式入股非国有企业。在公共服务、高新技术、生态环境保护和战略性产业等重点领域，以市场选择为前提，以资本为纽带，充分发挥国有资本投资、运营公司的资本运作平台作用，对发展潜力大、成长性强的非国有企业进行股权投资。鼓励国有企业通过投资入股、联合投资、并购重组等多种方式，与非国有企业进行股权融合、战略合作、资源整合，发展混合所有制经济。支持国有资本与非国有资本共同设立股权投资基金，参与企业改制重组。

（十四）探索完善优先股和国家特殊管理股方式。国有资本参股非国有企业或国有企业引入非国有资本时，允许将部分国有资本转化为优先股。在少数特定领域探索建立国家特殊管理股制度，依照相关法律法规和公司章程规定，行使特定事项否决权，保证国有资本在特定领域的控制力。

（十五）探索实行混合所有制企业员工持股。坚持激励和约束相结合的原则，通过试点稳妥推进员工持股。员工持股主要采取增资扩股、出资新设等方式，优先支持人才资本和技术要素贡献占比较高的转制科研院所、高新技术企业和科技服务型企业开展试点，支持对企业经营业绩和持续发展有直接或较大影响的科研人员、经营管理人员和业务骨干等持股。完善相关政策，健全审核程序，规范操作流程，严格资产评估，建立健全股权流转和退出机制，确保员工持股公开透明，严禁暗箱操作，防止利益输送。混合所有制企业实行员工持股，要按照混合所有制企业实行员工持股试点的有关工作要求组织实施。

五、建立健全混合所有制企业治理机制

（十六）进一步确立和落实企业市场主体地位。政府不得干预企业自主经营，股东不得干预企业日常运营，确保企业治理规范、激励约束机制到位。落实董事会对经理层成员等高级经营管理人员选聘、业绩考核和薪酬管理等职权，维护企业真正

的市场主体地位。

（十七）健全混合所有制企业法人治理结构。混合所有制企业要建立健全现代企业制度，明晰产权，同股同权，依法保护各类股东权益。规范企业股东（大）会、董事会、经理层、监事会和党组织的权责关系，按章程行权，对资本监管，靠市场选人，依规则运行，形成定位清晰、权责对等、运转协调、制衡有效的法人治理结构。

（十八）推行混合所有制企业职业经理人制度。按照现代企业制度要求，建立市场导向的选人用人和激励约束机制，通过市场化方式选聘职业经理人依法负责企业经营管理，畅通现有经营管理者与职业经理人的身份转换通道。职业经理人实行任期制和契约化管理，按照市场化原则决定薪酬，可以采取多种方式探索中长期激励机制。严格职业经理人任期管理和绩效考核，加快建立退出机制。

六、建立依法合规的操作规则

（十九）严格规范操作流程和审批程序。在组建和注册混合所有制企业时，要依据相关法律法规，规范国有资产授权经营和产权交易等行为，健全清产核资、评估定价、转让交易、登记确权等国有产权流转程序。国有企业产权和股权转让、增资扩股、上市公司增发等，应在产权、股权、证券市场公开披露信息，公开择优确定投资人，达成交易意向后应及时公示交易对象、交易价格、关联交易等信息，防止利益输送。国有企业实施混合所有制改革前，应依据本意见制订方案，报同级国有资产监管机构批准；重要国有企业改制后国有资本不再控股的，报同级人民政府批准。国有资产监管机构要按照本意见要求，明确国有企业混合所有制改革的操作流程。方案审批时，应加强对社会资本质量、合作方诚信与操守、债权债务关系等内容的审核。要充分保障企业职工对国有企业混合所有制改革的知情权和参与权，涉及职工切身利益的要做好评估工作，职工安置方案要经过职工代表大会或者职工大会审议通过。

（二十）健全国有资产定价机制。按照公开公平公正原则，完善国有资产交易方式，严格规范国有资产登记、转让、清算、退出等程序和交易行为。通过产权、股权、证券市场发现和合理确定资产价格，发挥专业化中介机构作用，借助多种市场化定价手段，完善资产定价机制，实施信息公开，加强社会监督，防止出现内部人控制、利益输送造成国有资产流失。

（二十一）切实加强监管。政府有关部门要加强对国有企业混合所有制改革的监管，完善国有产权交易规则和监管制度。国有资产监管机构对改革中出现的违法转让和侵吞国有资产、化公为私、利益输送、暗箱操作、逃废债务等行为，要依法严肃处理。审计部门要依法履行审计监督职能，加强对改制企业原国有企业法定代表人的离任审计。充分发挥第三方机构在清产核资、财务审计、资产定价、股权托管等方面的作用。加强企业职工内部监督。进一步做好信息公开，自觉接受社会监督。

七、营造国有企业混合所有制改革的良好环境

（二十二）加强产权保护。健全严格的产权占有、使用、收益、处分等完整保护制度，依法保护混合所有制企业各类出资人的产权和知识产权权益。在立法、司法和行政执法过程中，坚持对各种所有制经济产权和合法利益给予同等法律保护。

（二十三）健全多层次资本市场。加快建立规则统一、交易规范的场外市场，促进非上市股份公司股权交易，完善股权、债权、物权、知识产权及信托、融资租赁、产业投资基金等产品交易机制。建立规范的区域性股权市场，为企业提供融资服务，促进资产证券化和资本流动，健全股权登记、托管、做市商等第三方服务体系。以具备条件的区域性股权、产权市场为载体，探索建立统一结算制度，完善股权公开转让和报价机制。制定场外市场交易规则和规范监管制度，明确监管主体，实行属地化、专业化监管。

（二十四）完善支持国有企业混合所有制改革的政策。进一步简政放权，最大限度取消涉及企业依法自主经营的行政许可审批事项。凡是市场主体基于自愿的投资经营和民事行为，只要不属于法律法规禁止进入的领域，且不危害国家安全、社会公共利益和第三方合法权益，不得限制进入。完善工商登记、财税管理、土地管理、金融服务等政策。依法妥善解决混合所有制改革涉及的国有企业职工劳动关系调整、社会保险关系接续等问题，确保企业职工队伍稳定。加快剥离国有企业办社会职能，妥善解决历史遗留问题。完善统计制度，加强监测分析。

（二十五）加快建立健全法律法规制度。健全混合所有制经济相关法律法规和规章，加大法律法规立、改、废、释工作力度，确保改革于法有据。根据改革需要抓紧对合同法、物权法、公司法、企业国有资产法、企业破产法中有关法律制度进行研究，依照法定程序及时提请修改。推动加快制定有关产权保护、市场准入和退出、交易规则、公平竞争等方面法律法规。

八、组织实施

（二十六）建立工作协调机制。国有企业混合所有制改革涉及面广、政策性强、社会关注度高。各地区、各有关部门和单位要高度重视，精心组织，严守规范，明确责任。各级政府及相关职能部门要加强对国有企业混合所有制改革的组织领导，做好把关定向、配套落实、审核批准、纠偏提醒等工作。各级国有资产监管机构要及时跟踪改革进展，加强改革协调，评估改革成效，推广改革经验，重大问题及时向同级人民政府报告。各级工商联要充分发挥广泛联系非公有制企业的组织优势，参与做好沟通政企、凝聚共识、决策咨询、政策评估、典型宣传等方面工作。

（二十七）加强混合所有制企业党建工作。坚持党的建设与企业改革同步谋划、同步开展，根据企业组织形式变化，同步设置或调整党的组织，理顺党组织隶属关系，同步选配好党组织负责人，健全党的工作机构，配强党务工作者队伍，保障党组织工作经费，有效开展党的工作，发挥好党组织政治核心作用和党员先锋模范作用。

（二十八）开展不同领域混合所有制改革试点示范。结合电力、石油、天然气、铁路、民航、电信、军工等领域改革，开展放开竞争性业务、推进混合所有制改革试点示范。在基础设施和公共服务领域选择有代表性的政府投融资项目，开展多种形式的政府和社会资本合作试点，加快形成可复制、可推广的模式和经验。

（二十九）营造良好的舆论氛围。以坚持"两个毫不动摇"（毫不动摇巩固和发展公有制经济，毫不动摇鼓励、支持、引导非公有制经济发展）为导向，加强国有企业混合所有制改革舆论宣传，做好政策解读，阐释目标方向和重要意义，宣传成功经验，正确引导舆论，回应社会关切，使广大人民群众了解和支持改革。

各级政府要加强对国有企业混合所有制改革的领导，根据本意见，结合实际推动改革。

金融、文化等国有企业的改革，中央另有规定的依其规定执行。

国务院
2015 年 9 月 23 日

后　记

2015年是中国进入经济新常态后全面深化改革的关键之年，也是党的十八届三中全会后国有企业改革再启程的关键之年。此次国有企业改革引起了社会各界的高度关注。继9月13日《中共中央、国务院关于深化国有企业改革的指导意见》（以下简称《指导意见》）公布后，9月24日国务院《关于国有企业发展混合所有制经济的意见》（以下简称《意见》）对外公布，就国有企业发展混合所有制经济的指导思想、基本原则、操作方式和实施路径进行了全面部署。

《意见》是按中央统一部署，由国家发展改革委同国务院国资委等有关部门研究起草的。在起草过程中，具体负责此项工作的国家发展改革委体改司组织力量深入研究，多次召开座谈会，2次发文征求各地区、各部门和中央企业的意见，6次书面征求国务院国有企业改革领导小组成员单位的意见，特别是根据经济生态组国有企业改革专题调研情况，对《意见》进行了充实、完善。《意见》的研究制定得到了中央领导同志的高度重视和各部门各有关方面的大力支持。党中央、国务院领导同志多次作出重要指示、批示，国务院国有企业改革领导小组两次集中讨论《意见》，对《意见》的修改提出了明确要求。由中央政策研究室、中央财办、中央党校、国务院发展研究中心等起草的有关国有企业改革和混合所有制经济发展的研究报告，为《意见》提供了重要参考。《意见》按程序报党中央、国务院批准后，以国务院文件形式印发。

《意见》明确了分类改革、分层改革、各类资本参与、国有资本入股非国有企业、企业治理机制、员工持股、资产定价机制、加强监管、营造环境等方面的核心内容，既回应了社会关切，也符合普遍期待。因此，有必要进行深入阐释和权威解读，以帮助社会各界准确理解和把握《指导意见》和《意见》的内涵和精神实质，正确理解、积极参与和规范推进国有企业发展混合所有制经济。

正是基于上述考虑，国家发展改革委体改司组织国家发展改革委市场与价格研究所、经济研究所、经济体制与管理研究所以及中国政法大学民商法学院的有关专家，集中精干力量编写了此书。全书作者中，不少人都直接或间接地参与了《意见》的研究起草工作，有的是从事国有企业改革与经济体制改革研究的资深专家，有的是经济体制改革和经济法等研究领域的青年翘楚。

为了确保本书能全面贯彻《意见》的精神，全书由国家发展改革委体改司负责总体框架设计与修改定稿。自2015年6月开始，编写组多次组织集体讨论，反复润色，数易其稿。全书各章分工如下：第一章由赵少钦、杨立青撰写；第二章由张林山撰写；第三章由刘现伟撰写；第四章由祝岩松、张铭慎撰写；第五章由贺绍奇撰写；第六章由张晓文撰写；第七章由刘方撰写；第八章由刘泉红、黄卫挺撰写；第九章由张铭慎撰写；第十章由孙凤仪撰写。市场研究所刘泉红副所长、经济研究所刘方与张铭慎两位博士协助完成了框架设计、统稿与文字审校工作。

本书严格按照《意见》相关内容，通过设置相关专栏，使政策解读在内容上通俗易懂、形式上活泼多样。其中，【政策直通车】重点摘录了《意见》中的有关内容，【权威表态】给出了国家领导人和政府部门就有关问题的权威意见，【深度解读】针对有关内容进行深入解析和阐释，【他山之石】提供了具有参考价值的国外资料，【混改小百科】对国企改革领域的相关概念进行释义，【典型案例】对典型案例进行了分析介绍，【资料链接】提供了正文中相关内容的延伸性资料。

国家发展改革委市场与价格研究所、经济研究所以及经济体制与管理研究所为本书的编写工作提供了大力支持，市场与价格研究所所长臧跃茹、经济体制与管理研究所所长银温泉等专家在百忙之中审阅了本书的部分章节并提出了宝贵意见。国家发展改革委体改司赵少钦、李晨阳、许可等同志参与了书稿修改讨论。人民出版社的姚劲华、车金凤等编辑为本书能及时付梓出版付出了艰辛劳动。在此一并向他们表示诚挚谢意！

本书为《意见》提供了专业准确的深度解读与大量鲜活的案例资料，但考虑到国有企业发展混合所有制经济面临的情况和问题错综复杂，要准确将《意见》与基层现实对接确实不易。加之时间仓促，编写组成员水平有限，本书中难免存在疏漏和有待完善之处，敬请各位读者批评指正。衷心期待本书能够有助于社会各界更好地理解、支持和参与国有企业混合所有制改革，共同把改革开放的伟大事业不断推向前进。

图书在版编目（CIP）数据

国企混改面对面——发展混合所有制经济政策解读／国家发展改革委体改司编.
　—北京：人民出版社，2015.10
ISBN 978－7－01－015397－1

Ⅰ.①国… Ⅱ.①国… Ⅲ.①国有企业—企业改革—研究—中国 ②中国经济—
混合所有制—经济体制改革—研究 Ⅳ.①F279.241 ②F121.24

中国版本图书馆 CIP 数据核字（2015）第 251422 号

国企混改面对面——发展混合所有制经济政策解读
GUOQI HUNGAI MIANDUIMIAN——FAZHAN HUNHE SUOYOUZHI JINGJI ZHENGCE JIEDU

国家发展改革委体改司 编

责任编辑：姚劲华　车金凤
出版发行：人民出版社
地　　址：北京市东城区隆福寺街 99 号
邮　　编：100706
邮购电话：（010）65250042　65258589
印　　刷：北京汇林印务有限公司
经　　销：新华书店
版　　次：2015 年 10 月第 1 版　2015 年 10 月北京第 1 次印刷
开　　本：880 毫米×1230 毫米　1/32
印　　张：8
字　　数：180 千字
书　　号：ISBN 978－7－01－015397－1
定　　价：22.00 元